Armin Täubner/Inge Walz

Das große Weihnachtsbuch

frech-verlag

Fotos: Birgitt Gutermuth

Materialangaben und Arbeitshinweise in diesem Buch wurden von den Autoren und den Mitarbeitern des Verlages sorgfältig geprüft. Eine Garantie wird jedoch nicht übernommen. Autoren und Verlag können für eventuell auftretende Fehler oder Schäden nicht haftbar gemacht werden. Für eine Verbreitung des Werkes durch Film, Funk und Fernsehen, Fotokopien oder Videoaufzeichnungen, sowie für eine gewerbliche Nutzung der gezeigten Modelle, ist eine Genehmigung oder Lizenz des Verlags erforderlich. Das Werk ist urheberrechtliuch geschützt nach § 54 Abs. 1 und 2 UrhG.

Auflage: 5. 4. 3. 2. 1.   Letzte Zahlen   © 1991
Jahr: 1995 94 93 92 91   maßgebend

frech-verlag

ISBN 3-7724-1468-0 · Best.- Nr. 1468   GmbH + Co. Druck KG Stuttgart · Druck: Frech, Stuttgart 31

*Alle Jahre wieder kommt das Christuskind
auf die Erde nieder, wo wir Menschen sind.
Kehrt mit seinem Segen ein in jedes Haus,
geht auf allen Wegen mit uns ein und aus.*

Alle Jahre wieder ist Weihnachten die schönste Zeit des Jahres. Plötzlich scheint die Zeit stehengeblieben zu sein, alte Bräuche werden gepflegt, vor allem wenn Kinder im Haus sind. Da darf der Besuch des Nikolaus am sechsten Dezember genausowenig fehlen wie der Adventskranz, der von Sonntag zu Sonntag heller strahlt.

Viele Kleinigkeiten machen Weihnachten besonders schön. Das Haus wird geschmückt, ein Kranz an die Tür gehängt, im Fenster steht ein Kerzenhalter und in den Scheiben leuchten bunte Fensterbilder um die Wette.

Bei all diesen Dingen ist heute die Devise - Selbermachen. Kaufen ist einfach ein wenig einfallslos, und wirklich individuell kann nur Selbstgebasteltes sein, ganz gleich ob Grußkarte oder Weihnachtsbaumanhänger.

Die Kapitel dieses Buches befassen sich mit einigen der schönsten Bräuchen in der Weihnachtszeit. Z.B. Briefpapier für die Grüße, die das ganze Jahr schon geschrieben werden sollten, aber immer hat die Zeit gefehlt. Die übergeordneten Materialien sind: Tonkarton; Holz; Wolle, Stoff und Filz; Stroh und Floristisches.

Die meisten der gezeigten Arbeiten werden die eigene Umgebung schmücken, aber vieles eignet sich auch besonders gut zum Verschenken. Sicher gibt es in Ihrem Bekanntenkreis einen Musikliebhaber, der über den Brief mit der »Himmlischen Musik« schmunzelt oder einen Pferdefreund, den die »Schaukelpferdanhänger« freuen.

Nutzen Sie die langen Abende der Adventszeit zu Ihrer eigenen Freude, und um andere mit den tollen Ergebnissen zu beschenken.

INHALT

Tonkarton
5-40

Fensterbilder
7-14

Tischsets
14-17

Weihnachtsanhänger
18-21

Grußkarten
22-26

Briefpapier
27-29

Transparente Fensterbilder
30-40

Stroh
57-72

Tips zur Verarbeitung von Stroh
59-60

Sterne
61-72

Holz
41-50

Sperrholz
42-43

Kerzenleuchter
44-46

Krippen
46-50

Floristik
73-89

Türkränze
74-77

Dekorationen
78-84

Karten
85-89

Wolle, Stoff und Filz
51-56

Handarbeiten
52-56

Adventskalender
90-96

TONKARTON

Stille Nacht, heilige Nacht!
Alles schläft, einsam wacht
nur das traute hochheilige Paar.
Holder Knabe im lockigen Haar,
schlaf in himmlischer Ruh.

Schon seit Jahren ist Tonkarton das beliebteste Bastelmaterial. Dies hat viele Gründe, aber vor allem ist er enorm vielseitig, was in den folgenden sechs Kapiteln zum Ausdruck kommt. Kinder können mit diesem Werkstoff, den es in vielen leuchtenden Farben gibt, genauso problemlos arbeiten wie Erwachsene.

Die Tonkartonstars sind unbestritten die Fensterbilder. Fensterschmuck ist das ganze Jahr über beliebt und gefragt, aber an Weihnachten bleibt kaum ein Fenster ohne Schmuck. Hier können die Weihnachtsmotive nach Herzenslust gestaltet werden und falls der Schnee ausfällt - am Fenster finden die tollsten Schlittenfahrten statt. Der Weihnachtsmann, der gerade durch den Schornstein steigt, um Geschenke zu bringen, fehlt genausowenig wie der Schneemann am Nordpol. Ein extra Kapitel ist den transparenten Fensterbildern gewidmet, die von außen wunderschön leuchten und dem Licht im Inneren des Zimmers einen warmen Ton geben.

Zu einer vollständigen Tischdekoration für das Weihnachtsessen gehört ein komplettes Tischset mit Tischkarten, Serviettenringen und Glasuntersetzern. Hoffentlich wird das Mahl so köstlich, wie es das Tischset mit Engel verspricht.

Weihnachtsanhänger schmücken normalerweise den Weihnachtsbaum oder einen Tannenzweig. Aber sie lassen sich auch besonders gut als Geschenkverzierung verwenden. Wenn ein schaukelnder Weihnachtsmann vom Päckchen grüßt, oder ein kleiner Engel dem geschenkten entgegenlacht, ist die Verpackung perfekt.

Ein alter Brauch - immerhin 500 Jahre alt - sind Grußkarten zu Weihnachten. Dies ist zudem ein besonders schöner Brauch, durch den man an Menschen denkt, die man mag, und denen man gern ein paar Zeilen schreibt. Wem der Platz auf den Grußkarten nicht genügt, der kann auch umfangreiche Briefe schreiben - natürlich auf selbstgestaltetem Papier. Ganz gleich, ob das Motiv eher besinnlich ist wie der »Engel mit Kerze« oder lustig wie die »Schneefreuden«, diese Grüße kommen sicher an.

FENSTERBILDER

MATERIAL:
Ton- oder Fotokarton in verschiedenen Farben,
Gewicht 250 -300 g/qm; weißes Transparentpapier,
(Architektenpapier); Butterbrotpapier für Scha-
blonen

WERKZEUG:
Mittelgroße, spitze Schere; Nagelschere; Cutter mit
Schneideunterlage; Zirkel; Klebstoff; Bleistift; Kugelschreiber; Geo-Dreieck; Vorstechnadel zum Einstechen der Aufhängelöcher; Garn

1. ABPAUSEN UND ÜBERTRAGEN DER MOTIVE

Es gibt zwei Möglichkeiten:

SCHABLONEN HERSTELLEN
Die einzelnen Teile werden ohne Überschneidungen von der Schnittvorlage nebeneinander auf Butterbrotpapier oder weißes
Transparentpapier mit Bleistift abgepaust. Die
gepausten Teile nun auf einen dünnen Karton
kleben und exakt ausschneiden. Diese Schablonen werden auf den Tonkarton gelegt und
die Umrisse mit Bleistift nachgezogen.

DIREKTÜBERTRAG AUF TONKARTON
Die Teile der Schnittvorlage werden mit
Bleistift ohne Überschneidungen auf
kräftiges weißes Transparentpapier gepaust.
Dieses Papier direkt auf den Tonkarton legen.
Mit Kugelschreiber werden die Umrisse der
Einzelformen nachgezogen. Die Konturen
drücken sich in den Karton ein und können
direkt ausgeschnitten werden.

2. DAS AUSSCHNEIDEN
Der überwiegende Teil der Schneidarbei-
ten wird mit dem Cutter oder Bastel-
messer ausgeführt. Diese Messer haben
verschiebbare Klingen. Ist die Spitze der
Klinge, mit der geschnitten wird, stumpf,
wird sie einfach abgebrochen und die Klinge
nachgeschoben. Mit dieser Klinge können ex-
akte Schnitte an den für Scheren schwer bzw.
gar nicht zugänglichen Stellen ausgeführt
werden. Das Messer halten Sie beim Schneiden wie einen Kugelschreiber. Vorher müssen
Sie allerdings unter den Tonkarton eine
Schneideunterlage aus dem Fachhandel
legen. Zur Not genügt auch ein dicker Karton. Ist die Kartonunterlage durch viele
Schnitte zerfurcht, sollte sie ausgewechselt
werden, weil sonst die Klinge beim Schneiden
evtl. abgelenkt wird. Die Umrisse der Fensterbilder werden meist mit der Schere nachgeschnitten. Manche Rundungen im In-
nenbereich lassen sich mit einer Nagelschere
sauber nachschneiden.

3. NACH OBEN GEWÖLBTE KARTONRÄNDER

Sie entstehen, wenn Kartonformen mit
dem Messer ausgeschnitten werden. Auf
diese Stellen einfach einen Bogen Papier
legen, und die Ränder mit dem Fingernagel kräftig nachziehen. Durch das auf-
gelegte Papier werden die geglätteten
Ränder nicht speckig.

4. GESTALTUNG VON VORDER- UND RÜCKSEITE DES FENSTERBILDES

Im Buch wird stets beschrieben, wie die
Vorderseite des Fensterbildes gearbeitet
wird. Wenn das fertige Motiv an die
Wand gehängt wird, genügt die Gestaltung
der Vorderseite. Bei frei hängenden Motiven

muß auch an die Rückseite gedacht werden. Dabei werden einfach die meisten Teile doppelt ausgeschnitten und in derselben Reihenfolge wie auf der Vorderseite, jedoch spiegelverkehrt, angeklebt. Damit zwei Teile exakt gleich sind, wird die Form auf ein Tonkartonstück übertragen. Ein zweites, etwa gleich großes Kartonstück derselben Farbe wird mit dem Klammerhefter an den Rändern zwei- bis dreimal angeheftet. Mit der Schere oder dem Cutter können nun beide Teile gleichzeitig, ohne zu verrutschen, ausgeschnitten werden.

5. AUFHÄNGELÖCHER

Mit einer Vorstechnadel oder einem Körner aus dem Werkzeugkasten werden die Aufhängelöcher 3 bis 5 mm vom Rand entfernt in den Tonkarton gestochen. Vergessen Sie nicht, das Fensterbild vorher auf eine Unterlage zu legen.

Wir sollten die Vögel nicht vergessen!

Das Fenster samt Läden und Tannenbaumumriß (durchgezogene Linie) auf Transparentpapier pausen. Die beiden Rauten in den Fensterläden nicht vergessen! Anschließend wird das abgepauste Fenster mit dem Klammerhefter auf rotem Karton fixiert und die Konturen mit Lineal und Kugelschreiber nachgezogen. Die Innenschnitte mit dem Cutter, die Außenschnitte mit der Schere durchführen. Von den anderen Teilen werden Schablonen angefertigt. Zuerst die beiden Teile (gestrichelte Linien) des Tannenbaumes fixieren.

Nun werden die beiden Kinder zusammengeklebt. Beim linken Mädchen auf dem schwarzen Haar (Strich-Punktlinie) den roten Pullover und darüber anschließend das Gesicht anbringen.

Am Oberkörper des rechten Kindes (durchgezogene Linie) zuerst das untere Schalteil (punktierte Linie), dann das obere Schalteil (gestrichelte Linie), das Gesicht (punktierte Linie) und schließlich die Pudelmütze (gestrichelte Linie) befestigen.

Beide Kinder im unteren Teil des Fensters befestigen. Bevor die Vögel angeklebt werden, muß noch der Schnee auf dem Fenstersims angebracht werden. Siehe Vorlagenbogen.

Ob dieses Bäumchen für mich ist?

Den hausförmigen Rahmen auf Transparentpapier pausen, die Umrisse auf weißen Tonkarton übertragen und ausschneiden. Vom Weihnachtsmann und der Tanne Schablonen herstellen. Am Kopf zuerst das Haar-Bartteil, dann das rosa Gesicht sowie die Mantelsäume ankleben. Die Schuhe werden mit Filzstift schwarz angemalt. Den Weihnachtsmann in dem Rahmen plazieren und davor das Bäumchen befestigen.

die Hausform (durchgezogene Linie) zuerst das Schneedach (gestichelte Linie) kleben. Fenster und Türrahmen (Strich-Punktlinien) so fixieren, daß beide Teile an der Oberkante in einer Linie abschließen. Nun Fensterläden und Türfenster sowie die Schneefläche vor dem Haus befestigen. Zwei Säcke von hinten am Schlitten anbringen. Den Schlitten auf die Schneefläche kleben. Abschließend den Weihnachtsmann und einen Sack auf dem Dach anordnen. Siehe Vorlagenbogen.

Packt mich denn keiner aus?

Sämtliche Teile werden nur einmal benötigt. Die Einzelformen können bis auf die Ösen der Schleife mit der Schere ausgeschnitten werden. Mit einem feinen, schwarzen Filzstift wird das Bärengesicht aufgemalt. Zum Zusammenkleben die einzelnen Teile auf die Schnittvorlage legen. Die Tannenzweige können ringsum mit der Schere eingeschnitten werden, um die Nadeln anzudeuten. Sie werden ganz zum Schluß am Päckchen befestigt. Siehe Vorlagenbogen

Ob ich da wohl durchpasse?

Während die Hausform nur einmal benötigt wird, müssen alle anderen Teile doppelt oder mehrfach (Fensterladen und Sack) ausgeschnitten werden. Bis auf den Schlitten und die Rauten in den Fensterläden kann man alle Teile mit der Schere ausschneiden. Auf

Wie schön wär 's jetzt am Nordpol

Auch bei diesem Fensterbild werden von allen Teilen Schablonen benötigt. Zuerst wird die Schneefläche auf den Rahmen geklebt. Darauf an der rechten Seite den Tannenbaum und im Vordergrund die Grasfläche anbringen. Bei den Schneemännern zuerst die Kopfbedeckungen und die Möhrennasen befestigen. Mit schwarzem Filzstift Augen, Münder und Knöpfe aufmalen. Der Schneemann mit Hut erhält Schal und Besen, der andere einen Schirm. Anschließend

wird bei beiden Schneemännern der linke Arm angeklebt. Zum Schluß die Schneemänner auf der Schneefläche fixieren. Siehe Vorlagenbogen.

Sankt Nikolaus

Mit Hilfe von Schablonen werden die Umrisse sämtlicher Teile auf den Tonkarton übertragen. Alle Schnitte lassen sich ohne Cutter durchführen. An das weiße Gewand (gestrichelte Linie) das Gesicht anlegen und beide Teile durch das aufgeklebte Mützen-Bartteil (durchgezogene Linie) verbinden. Das Auge wird mit einem feinen, schwarzen Filzstift aufgemalt. Einen schmalen, gelben Kartonstreifen über den beiden Einkerbungen des Mützen-Bartteils aufkleben. Er verdeutlicht den unteren Rand der Mütze. Den unteren Rand des Gewandes und auch den Ärmel jeweils mit einem gelben Streifen verzieren. Evtl. können die Streifen auch mit Filzstift aufgemalt werden. Den Stab von hinten an der Hand fixieren. Schließlich wird Sankt Nikolaus auf der Wolke befestigt und auf blauen Untergrund geklebt. Siehe Vorlagenbogen

Auf tief verschneiten Wegen

Von allen Teilen, auch vom Rahmen, werden Schablonen hergestellt. Die Umrisse der Schablonen mit Bleistift auf Tonkarton jeweils doppelt, den Rahmen nur einmal, übertragen und ausschneiden.
Am Weihnachtsmannkörper die weißen Pelzbesätze an Kapuze und Ärmel ankleben. Anschließend den Sack auf dem Rücken befestigen. Von hinten an der Hand den Wanderstab fixieren. Den Weihnachtsmann festkleben.
Am Rahmen auf der linken Seite die kleine Tanne plazieren, und davor den schneebedeckten Zaun anbringen. Auf der rechten Seite zuerst den schneebedeckten Zaun ankleben, und davor die große Tanne befestigen. Siehe Vorlagenbogen

Nikolaus auf Wanderung

Rahmen:

Mit weißem Transparentpapier wird der Rahmen abgepaust. Die Einstichstelle für den Zirkel (x) markieren. Nun wird der abgepauste Rahmen auf dem weißen Karton fixiert. Mit Kugelschreiber nur die Hügellinie nachziehen und an der Einstich- stelle den Zirkel einstechen. Daraufhin wird das Transparentpapier entfernt und mit dem Zirkel der Kreis und der Halbkreis um die Einstichstelle gezeichnet.

Andere Teile:

Von allen übrigen Teilen werden Schablonen ange- fertigt. Jedes Teil wird, bis auf die Sterne, zweimal benötigt. Am Eselskopf mit schwarzem Filzstift die Mähne einfärben und Auge, Nüster und Halfter aufzeichnen.

Hier fühle ich mich wohl

Bis auf den Rahmen werden von allen Teilen Schablonen angefertigt. Die Umrisse von jeder Schablone mit Bleistift zweimal auf Tonkarton übertragen und ausschneiden. Von dem Pinguin werden alle Teile sogar sechsmal benötigt. Der Rahmen wird genauso gearbeitet wie beim Fensterbild »Vor der Bescherung«. Siehe Vorlagenbogen

Ein himmlisches Mahl

Die halbe Engelsform mit Bleistift auf Butterbrotpapier abpausen. Anschließend die abgepauste Engelshälfte auf einen dünnen Karton kleben und ausschneiden. Diese Schablone wird auf weißen Karton gelegt und der Umriß mit Bleistift nachgezeichnet. Die Schablone abnehmen, umdrehen, exakt anlegen und die andere Hälfte aufzeichnen. Nun kann die ganze Engelsform ausgeschnitten werden. Von Gesicht und Haar ebenfalls Schablonen herstellen. Das Gesicht von hinten am Haar fixieren. Augen, Mund und Nase mit Filzstift aufmalen. Für die Tischkarte werden vier Schablonen benötigt. Die Umrisse der Schablonen auf Tonkarton übertragen und ausschneiden. Den Engel zusammenkleben. Nun kann das Namensschild befestigt werden. Ab-

15

schließend die beiden Hände fixieren. Einen Kartonstreifen (6 cm x 2 cm) nach 1,2 cm knicken (gestrichelte Linie) und den kurzen Abschnitt auf der Rückseite des Engels als Stütze ankleben. Der Glasuntersetzer besteht nur aus einer Kartonscheibe (Radius 4,5 cm), auf die ein Stern geklebt wird. Aus einem weißen Kartonstreifen, 15 cm x 2,5 cm, einen Serviettenring kleben und mit einem Stern verzieren. Den großen Engel und den Glasuntersetzer beidseitig mit Selbstklebefolie bekleben.
Siehe Vorlagenbogen

Martinsgänse bitten zu Tisch

Für das Tischset wird Tonkarton bzw. Tonpapier (Gänse) in den Farben Rot, Weiß und Gelb benötigt. Es sind auch andere Materialien denkbar, beispielsweise Stoff, Filz oder Selbstklebefolien. Das ganze Set sollte nach Fertigstellung mit klarer Selbstklebefolie beidseitig überzogen werden.

Auf die weiße Unterlage (53 cm x 43 cm) wird der etwas kleinere, rote Karton (51 cm x 41 cm) geklebt. Von allen Teilen der Gans werden Schablonen angefertigt. Am Kopf Schnabel und Auge plazieren. Am Hals die Schleife befestigen und von hinten die Beine am Körper anbringen.

Für die Tischkarte wird ein rotes Kartonrechteck (12,5 cm x 8 cm) der Länge nach in der Mitte gefaltet (Faltlinie mit dem Cutter leicht anritzen). An der kleinen Gans Schnabel und Beine ankleben und auf dem gefalteten Rechteck fixieren. Der Name wird entweder von Hand oder mit Abreibebuchstaben auf einen weißen Kartonstreifen geschrieben und aufgeklebt. Siehe Vorlagenbogen

Weihnachtsbaumtischset

Von allen Teilen werden zuerst Schablonen hergestellt. Bei der Baumform genügt die Schablone von einer Hälfte. Nach dem Übertragen des Umrisses von einer Baumhälfte mit Bleistift auf grünen Karton wird die Schablone einfach umgedreht, exakt angelegt und die zweite Hälfte gezeichnet. Der große Stern wird pro Tischset einmal benötigt. Die Kerzen und die kleineren Sterne werden je nach Belieben auf der grünen Baumunterlage angeordnet und fixiert. Die Tischkarte entlang der gestrichelten Linie falten und einen Stern aufkleben. Darauf wird die fertig zusammengeklebte Kerze befestigt. Siehe Vorlagenbogen

GUDRUN

WEIHNACHTSANHÄNGER

WEIHNACHTSANHÄNGER AUS TONKARTON

Weihnachtsanhänger sind sehr vielseitig. Ob als Christbaumschmuck, Straußanhänger, Geschenkanhänger oder etwas vergrößert sogar als Fensterbild. Die Motive eignen sich auch als Verzierung von Tisch- und Namenskarten. Allen Weihnachtsanhängern ist gemeinsam, daß zuerst Schablonen angefertigt werden.

So werden Schablonen hergestellt:

Die ineinander gezeichneten Einzelheiten des Motivs werden Teil für Teil, ohne Überschneidungen, nebeneinander mit Bleistift auf Butterbrot- oder Transparentpapier abgepaust. Anschließend werden die Teile mit Klebstoff bestrichen, auf einen Kartonrest geklebt und exakt ausgeschnitten.

So werden zwei identische Teile ausgeschnitten:

Zwei Kartonstücke der gewünschten Farbe mit dem Klammerhefter am Rand zwei bis dreimal zusammenheften. Nun wird die Schablone aufgelegt und der Umriß mit Bleistift nachgezeichnet. Mit dem Cutter die Konturen nachschneiden und evtl. mit der Nagelschere korrigieren. Der Nachteil dieser Technik ist, daß für das Ausschneiden beider Teile erheblich mehr Kraft als beim Einzelteil aufgewendet werden muß.

Material:

Butterbrot- oder weißes Transparentpapier, bunter Tonkarton, evtl. auch Tonpapier.

Werkzeug:

Bleistift, Lineal, Zirkel, Kugelschreiber, Schere, Cutter, Klebstoff, Garn in gewünschten, abgestimmten Farben, Vorstechnadel.

Schaukelpferdchen

Bis auf den Pferdekörper werden alle Teile doppelt benötigt und von beiden Seiten deckungsgleich aufgeklebt. Mit einem Filzstift werden noch die Augen und die Nüstern aufgetupft.

Sternenkette

Von den Sternen Schablonen anfertigen, die Umrisse mit Bleistift auf Tonkarton übertragen und mit Cutter und Schere ausschneiden. Beim Aneinanderbinden der Sterne darauf achten, daß die Abstände etwa gleich groß sind.

Sterne in Rot und Weiß

Von allen vier Teilen Schablonen anfertigen. Die Umrisse auf roten Karton (gestrichelte Linien) bzw. weißen Karton (durchgezogene Linien) übertragen und anschließend ausschneiden. Die Sterne werden, in den Farben abwechselnd, aufeinander geklebt.

Weihnachtsgeometrie

Pyramide und Würfel werden mit Architektenpapier abgepaust und anschließend mit Kugelschreiber und Lineal auf Karton übertragen. Nach dem Aus-

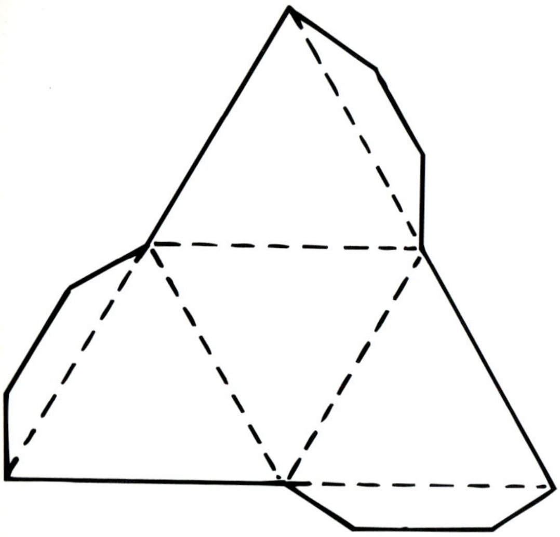

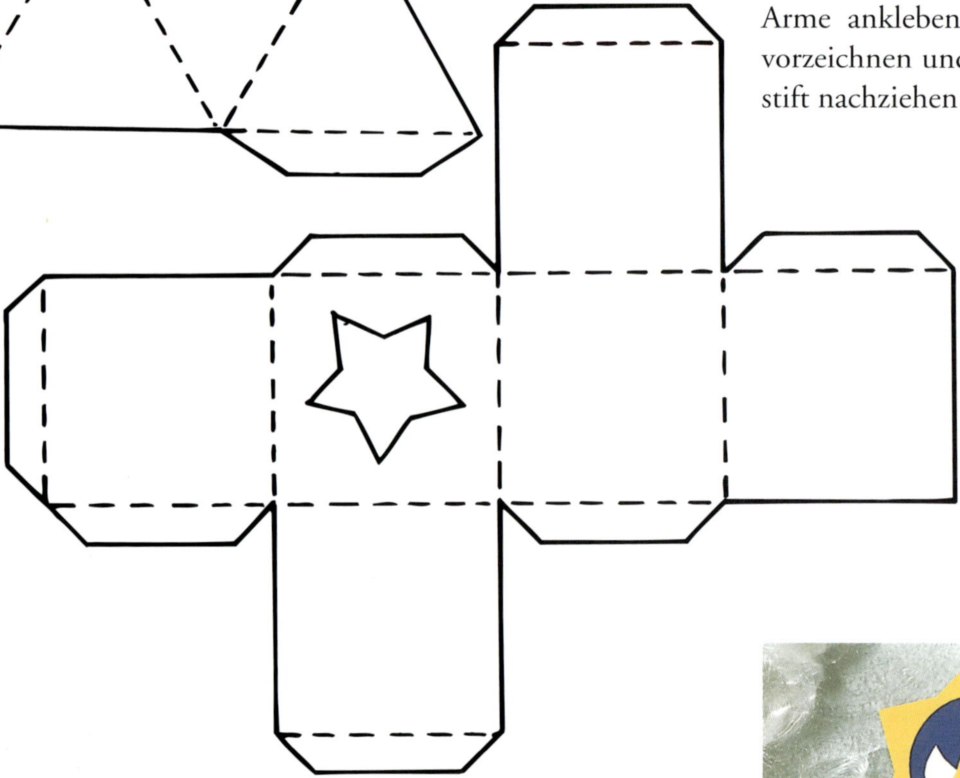

Engelssterne

Auf dem gelben Stern wird beidseitig zuerst eine blaue Kreisscheibe (gestrichelte Linie, Radius 2,1 cm) befestigt. Nun Engelskörper, Haar, Gesicht und Arme ankleben. Das Gesicht mit Bleistift leicht vorzeichnen und mit einem feinen, schwarzen Filzstift nachziehen.

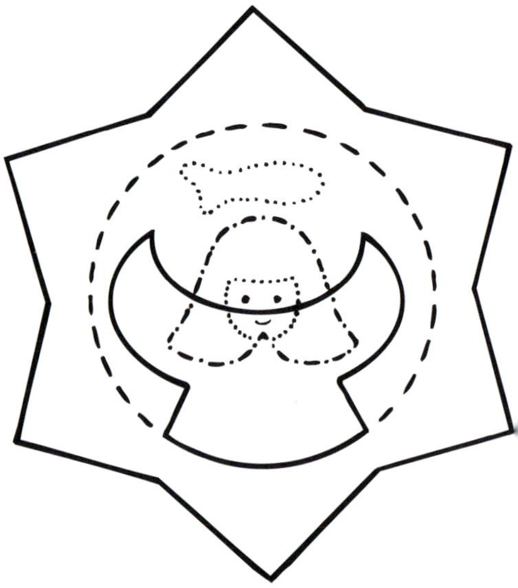

schneiden die gestrichelten Linien mit einer Nadel leicht anritzen. Nun kann die Pyramide, bzw. der Würfel, zusammengefaltet werden. Die schmalen Klebeflächen an den Rändern mit Klebstoff bestreichen. Bevor die letzte Fläche zugeklebt wird, noch eine Holzperle mit einem durchgezogenen Faden einlegen. Abschließend können noch Papiersterne aufgeklebt werden.

Advent, Advent, ein Lichtlein brennt!

Die rote Sternform wird pro Anhänger einmal, die anderen Teile werden jeweils doppelt benötigt. Als Schablone für den Kerzenschein kann eine Einpfennigmünze verwendet werden. Die Teile werden in dieser Reihenfolge auf den roten Stern geklebt: weißer Stern, Tannengrün, Kerzenschein, Kerze, Flamme.

Adventslichter

Die Rundungen dieses Motivs können sowohl beim Abpausen, als auch beim Übertragen und Ausschneiden leichte Probleme bereiten. Einfacher wird es, wenn man die Schnittvorlage etwas vergrößert. Dadurch bleibt mehr Spielraum, wenn zuviel weggeschnitten wird. Beim Herausschneiden mit dem Kerzenschein beginnen.

21

GRUSSKARTEN

Teddy wünscht ein Frohes Fest

Die Umrisse aller Teile von zuvor angefertigten Schablonen mit Bleistift auf roten und weißen Karton übertragen. Nach dem Ausschneiden werden am Bärenkörper Schal, Schnauze und Mützenrand aufgeklebt. Mit einem feinen, schwarzen Filzstift das Bärengesicht aufmalen. Auf der Rückseite ebenfalls den Mützenrand befestigen, jedoch vom Schal nur den oberen Ring (ohne die beiden Schalenden) anbringen. Der fertige Teddy kann entweder an einem Tannenzweig aufgehängt oder auf eine Grußkarte geklebt werden.

Kapelle in der Weihnachtsnacht

Ohne die schwarz-weiße Karte läßt sich die blau-weiße Karte nicht herstellen, denn die aus der schwarzen Karte herausgeschnittenen Teile werden auf weißem Karton angeordnet und in Spritztechnik mit Wasserfarben übersprüht. Wenn nach dem Trocknen die ausgeschnittenen Teile entfernt werden, bleiben die zuvor abgedeckten Bereiche als weiße Flächen zurück. Mit Transparentpapier wird das Motiv mit Bleistift und Lineal abgepaust. Anschließend das abgepauste Motiv auf schwarzen Karton legen und an den Rändern mit dem Klammerhefter fixieren. Mit Kugelschreiber werden die Konturen nachgezogen und nach dem Abnehmen des Transparentpapieres mit dem Cutter ausgeschnitten. Nach dem Ausschneiden bleiben fünf Teile zurück: der Sternenhimmel, zwei Wände und zwei Turmfenster. Diese Teile werden wie auf der Schnittvorlage auf eine weiße Doppelkarte geklebt. Siehe Vorlagenbogen

Weihnachtszweig

Aus grünem Karton ein Rechteck (25 x 20 cm) ausschneiden und eine Doppelkarte (20 x 12,5 cm) falten. Dazu wird die Faltlinie leicht mit einer Nadel angeritzt. Auf die Vorderseite der Karte ein weißes Kartonrechteck (19 x 11,5 cm) kleben. Von den anderen Teilen, bis auf den runden Kerzenschein (Radius 2,5 cm), werden Schablonen benötigt. An der ausgeschnittenen Kerze von hinten den Kerzenschein, von vorne die Flamme anbringen. Den Tannenzweig, die Kerze und die Sterne aufkleben. Siehe Vorlagenbogen

Engel mit Kerze

Den Engel und den wolkenförmigen Kartenausschnitt auf Transparentpapier abpausen. Aus weißem Karton (26 x 18,5 cm) eine Doppelkarte (18,5 x 13 cm) falten. Nun wird das abgepauste Motiv mit Büroklammern auf der Kartenvorderseite der inzwischen wieder aufgeklappten Karte fixiert. Mit einem Kugelschreiber die Konturen des Engels und des Wolkenausschnittes nachzeichnen. Anschließend wird das Transparentpapier entfernt. Mit dem Cutter zuerst die Innenschnitte ausführen, d. h. die Trennungslinien zwischen den Armen, Flügeln, Füßen, zwischen Haar und Gesicht sowie die Kerzenflamme. Nun kann die äußere Kontur des Engels und schließlich der Wolkenausschnitt mit dem Cutter nachgeschnitten werden. Mit der Nagelschere werden abschließend noch Korrekturen vorgenommen. Die Karte wird von hinten mit einem andersfarbigen Karton oder Transparentpapier hinterklebt. Etwas vergrößert kann der Engel an einem Faden auch ans Fenster gehängt werden. Siehe Vorlagenbogen

Kerzenreigen

An diese filigrane Karte, bzw . dieses Fensterbild, sollten sich nur Fortgeschrittene wagen. Der grüne Rahmen (durchgezogene Linie) wird auf Transparentpapier abgepaust und mit Kugelschreiber auf grünen Karton übertragen. Von Stern, Kerze und Schleife Schablonen anfertigen. Beim Ausschneiden der Kerzen mit dem Cutter zuerst die Innenfläche herausschneiden. Am Rahmen evtl. noch Korrekturen mit der Nagelschere ausführen. Die ausgeschnittenen Teile werden symmetrisch auf dem Rahmen angeordnet. Siehe Vorlagenbogen

Weihnachtsmann - mal anders

Auch hier eignet sich das Motiv sowohl für Karten als auch für Fensterbilder. Das auf Transparentpapier abgepauste Motiv wird auf weißen Karton gelegt und mit Kugelschreiber nachgezeichnet. Die eingedrückten Linien werden überwiegend mit dem Cutter geschnitten. Das fertig ausgeschnittene Motiv kann entweder auf eine Doppelkarte geklebt oder ins Fenster gehängt werden.

Winterwald

Von allen Teilen, bis auf die Doppelkarte, werden Schablonen benötigt. Zuerst die Schneefläche auf die Karte kleben. Jede Tanne besteht aus drei grünen und drei weißen Teilen. Auf jedes grüne Teil (gestrichelte Linien) wird das entsprechend kleinere weiße Teil (durchgezogene Linien) geklebt. Nun wird auf die Schneefläche das größte grün-weiße Teil der linken Tanne fixiert. Darauf das etwas kleinere grün-weiße Paar befestigen, und schließlich die Spitze anbringen. Die zweite Tanne ebenso aufkleben. Anschließend wird die grün beschriftete Wolke befestigt. Mit den weißen Sternen die Karte verzieren. Siehe Vorlagenbogen

Wer da wohl durch den Schornstein kommt?

Sämtliche Teile nebeneinander auf Butterbrotpapier abpausen. Anschließend wird das Butterbrotpapier auf einen dünnen Karton geklebt. Die Teile ausschneiden. Mit diesen Schablonen die Umrisse mit Bleistift auf Tonkarton der entsprechenden Farben übertragen. Nun werden die Teile ausgeschnitten und aufgeklebt. Mit dem Kamin beginnen, es folgen die Kaminöffnung, die Beine und die weißen Pelzbesätze. Nun kann die Ablage am Kamin mit den aufgehängten Strümpfen befestigt werden. Abschließend noch Kranz, Sack und Kaminholz anbringen. Siehe Vorlagenbogen

BRIEFPAPIER

Material:
Brief-, Schreibmaschinen- Bunt- und Glanzpapier in verschiedenen Farben, weißes Transparentpapier, Butterbrotpapier für Schablonen

Werkzeug:
Bleistift, Lineal, Zirkel, Kugelschreiber, Klebstoff, spitze Schere, Cutter mit Schneideunterlage

Die Motive setzen sich aus mehreren Teilen zusammen, deren Umrisse mit zuvor gefertigten Schablonen auf buntes Papier übertragen werden. Mit diesen Motiven können mehrere Briefpapiere und Umschläge sowie Karten verziert werden .

Der Weihnachtsmann grüßt

Vom Weihnachtsmann (durchgezogene Linie), dem Haar-Barteil, den Mantelaufschlägen sowie von Sack und Tanne Schablonen herstellen. Die Schablonen werden direkt aufs Briefpapier gelegt und mit Bleistift ganz leicht umfahren. Mit einem feinen, schwarzen Filzstift die Mantelsäume und das Haar-Bartteil mit vielen kleinen Strichen andeuten. Diese Bereiche bleiben weiß. Die noch sichtbaren Umrißlinien des Weihnachtsmannes mit Filzstift nachziehen und den Mantel samt Kapuze mit rotem Filzstift einfärben. Beim skifahrenden Weihnachtsmann noch Skier und Skistöcke mit Bleistift vorzeichnen, mit Filzstift konturieren und anmalen.

Kerzen in Blau

Schablonen von allen Teilen anfertigen. Die kleinen Stechpalmenbeeren werden mit dem Locher ausgestanzt. An der Kerze wird von hinten der Kerzenschein, von vorne die Flamme angeklebt. Kerzen und Stechpalmenblätter in symmetrischer Anordnung auf dem Briefpapier bzw. dem Umschlag fixieren.

Immer im Frack

Von allen Teilen Schablonen herstellen. Jeder Pinguin besteht aus drei Teilen (weißer Körper, schwarzes Kopf- und Rückenteil und weißer Augenfleck). Schnäbel und Füße werden mit Filzstift orange eingefärbt.

Himmlische Musik

Sind erst die einzelnen Teile ausgeschnitten, werden auf die rosa Köpfe mit spitzem Bleistift Gesichter und Haare gezeichnet. Mit einem roten Farbstift vorsichtig die Wangen einfärben. Am Engelskörper zuerst den Kragen (gestrichelte Linie), dann den Kopf fixieren. Anschließend werden Flöte oder Notenblatt und die Hände aufgeklebt. Die Engel auf den Wolken plazieren und auf das Briefpapier kleben.

TRANSPARENTE FENSTERBILDER

MATERIAL:
Ton- oder Fotokarton in Schwarz oder Weiß, Transparentpapier natur (Architektenpapier), evtl. gelbes Schneiderkopierpapier, buntes Transparent- oder Seidenpapier

WERKZEUG:
Bleistift, Kugelschreiber, Klebstoff, Lineal, Zirkel

ARBEITSHINWEISE:

1. Das Abpausen des Motivs
Das Motiv wird mit Bleistift, evtl. zusätzlich noch mit Lineal oder Zirkel, auf weißes Transparentpapier (natur) abgepaust. Es gibt zwei Möglichkeiten, die abgepausten Konturen auf den dunklen Karton zu übertragen:

•Das abgepauste Motiv wird direkt mit Klebestreifen auf dem Karton fixiert. Wenn die Umrisse mit Kugelschreiber nachgezogen werden, drücken sie sich in den Karton ein.

•Besser sichtbar wird das Motiv, wenn zwischen Transparentpapier und Karton gelbes Schneiderkopierpapier, mit der beschichteten Seite nach unten, gelegt wird. Die mit Kugelschreiber nachgezogenen Konturen werden als gelbe Linien auf dem Karton sichtbar. Herkömmliches Kohle- oder Blaupapier eignet sich nur sehr eingeschränkt, weil sich die übertragenen Linien kaum vom dunklen Karton abheben.

Das Ausschneiden
Beim Herausschneiden der Innenflächen wird vorwiegend mit dem Cutter gearbeitet. Dabei darf die Schneideunterlage nicht vergessen werden. Es gibt spezielle Unterlagen im Fachhandel, es genügt jedoch bereits ein kräftiger Karton, der rechtzeitig ausgewechselt werden sollte, wenn die Oberfläche von Schnitten zerfurcht ist. In der Regel werden zuerst die kleinsten Flächen herausgeschnitten, dann wird das restliche Motiv Feld für Feld von einer Seite zur anderen freigelegt. Die äußere Kontur erst ganz zum Schluß mit der Schere nachschneiden. Mit der Nagelschere können noch kleine Korrekturen bei den Innenschnitten vorgenommen werden. Weil das ausgeschnittene Motiv für jedes Fensterbild zweimal benötigt wird, muß es nochmals auf Karton übertragen und erneut ausgeschnitten werden. Mit der Schere werden noch Korrekturen vorgenommen, bis beide Bilder genau gleich sind. Man kann aber auch beide Motive auf einmal ausschneiden. Dazu werden zwei gleich große Kartons mit dem Klammerhefter an den Rändern zusammengeheftet. Auf dem oberen Karton ist bereits das Motiv sichtbar. Mit dem Cutter die Innenflächen aus beiden Kartons gleichzeitig herausschneiden. Diese zweite Möglichkeit erspart einen Arbeitsgang, sie erfordert jedoch auch erheblich mehr Kraft beim Ausschneiden.

Das Glätten der Ränder
Ist das Motiv fertig ausgeschnitten, müssen noch hochstehende Schnittkanten und Ränder geglättet werden. Dies geschieht, indem ein Bogen sauberes Papier aufgelegt wird. Daraufhin werden die Schnittlinien mit dem Fingernagel kräftig nachgezogen. Das dazwischengelegte Papier verhindert, daß die nachgezogenen Linien durch die direkte Reibung speckig glänzen. Nun werden Vorder- und Rückseite des Motivs genau betrachtet. Die schönere Seite wird die spätere Vorderseite.

5. Das Hinterkleben mit Transparentpapier
Damit die herausgeschnittenen Flächen gut sichtbar sind, liegt das Fensterbild auf einer hellen Unterlage. Nun wird das Transparentpapier oder das farbintensivere Seidenpapier auf die erste Fläche gelegt. Beim Nachziehen der Umrisse ringsum stets noch einen Kleberand berück-

sichtigen. Als Klebstoff eignet sich neben herkömmlichem Papierkleber oder Holzleim (mit einer möglichst feinen Tülle) noch der Klebestift. Bei größeren oder verzweigten Formen wird nur die obere Hälfte des umgebenden Kartonstegs mit Klebstoff bestrichen. Das exakt ausgeschnittene Transparentpapier auf der klebstofffreien unteren Hälfte paßgenau auflegen und dann oben festdrücken. Nun kann die untere Seite angehoben und ebenfalls Klebstoff aufgetragen werden. Abschließend wird das zweite Kartonteil mit dem identischen Motiv paßgenau aufgeklebt.

Weihnachtsmann

Dieses Motiv ist relativ einfach nachzuarbeiten, weil die zurückbleibenden Stege zwischen den Farbflächen ziemlich breit sind. Dies erleichtert das Ausschneiden, weil viele Flächen mit der Schere oder Nagelschere herausgeschnitten werden können. Wird von einem Steg zuviel weggeschnitten, ist dies

auch nicht schlimm, weil sie breit genug sind. Breite Stege erleichtern natürlich auch das Hinterkleben mit buntem Transparentpapier.

Nach dem Übertragen der Konturen auf Karton zuerst Nase, Mund, Bart und Gesichtsfläche herausschneiden. Nun kann das ganze Gesicht ausgeschnitten und herausgenommen werden. Anschließend die restlichen Flächen herausarbeiten. Die Umrißlinie zum Schluß mit der Schere nachschneiden. Beim Hinterkleben mit dem Gesicht beginnen. Siehe Vorlagenbogen

Dezent - und doch sehr wirkungsvoll

Diesen drei Fensterbildern ist gemeinsam, daß sie sehr filigran geschnitten und einfarbig hinterklebt sind. Sie sind auch ohne hinterklebtes Transparentpapier sehr dekorativ. Die Hinterklebung setzt jedoch voraus, daß das Motiv doppelt ausgeschnitten werden sollte, was bei der filigranen Ausarbeitung Probleme bereiten kann.

Das weiße Transparentpapier (Architektenpapier) wird auf der Schnittvorlage fixiert. Mit Bleistift und Lineal das Motiv abpausen. Damit keine störenden Kohlepapierlinien beim Übertragen auf den weißen Karton entstehen, wird das abgepauste Motiv direkt

Soll das Motiv ans Fenster gehängt werden, muß es doppelt ausgeschnitten werden. Siehe Vorlagenbogen und Titelbild.

Ein Päuschen in Ehren

Nach dem Übertragen des abgepausten Motivs auf Karton werden die Konturen mit dem Cutter nachgeschnitten. Mit dem Freilegen des Kopfes beginnen. Langsam von innen nach außen arbeiten. Es folgen der Tannenbaum und schließlich die äußere Kontur. Nun wird das Motiv farbig hinterklebt und der zweite Kartonschnitt von hinten paßgenau aufgeklebt.

auf den Karton gelegt und mit dem Klammerhefter rutschfest darauf befestigt. Die mit Kugelschreiber nachgezogenen Konturen drücken sich in den weißen Karton ein und werden dann mit dem Cutter ausgeschnitten. Grundsätzlich werden zuerst die kleinsten Innenflächen herausgeschnitten. Das Nachschneiden erfolgt zum Schluß mit der Schere. Siehe Vorlagenbogen

Die Heilige Familie (Titelbild)

Auf der Schnittvorlage wird weißes Transparentpapier (Architektenpapier) fixiert. Die Konturen mit Bleistift und teilweise mit Lineal nachziehen. Das abgepauste Motiv wird mit dem Klammerhefter rutschfest an der Rückseite des vorbereiteten schwarzen Kartons befestigt. Evtl. wird noch gelbes Schneiderkopierpapier dazwischengelegt. Die mit Kugelschreiber nachgezogenen Linien drücken sich in den Karton ein bzw. hinterlassen gelbe Linien (Kopierpapier). Beim Herausschneiden der Innenfläche den Cutter benutzen, und mit den kleinen Flächen beginnen. Die Fläche um die Heilige Familie erst zum Schluß freilegen. Mit Nadel und Lineal werden anschließend die beiden senkrechten Faltlinien (gestrichelte Linien) leicht angeritzt und nach hinten umgeklappt. Nun kann das Fensterbild mit Transparent- oder Seidenpapier hinterklebt werden.

Stille Nacht, Heilige Nacht

Beim Freilegen des Motivs mit dem Sternenhimmel beginnen. Es folgen die Innenflächen der Seitenfenster und des Turmfensters. Daraufhin werden die anderen Flächen mit dem Cutter herausgeschnitten. Das Fensterbild transparent hinterkleben. Die separat ausgeschnittenen Fenster werden extra hinterklebt und von vorne auf dem Fensterbild fixiert.

Sternschmuck

Zuerst werden Schablonen von beiden Sternformen hergestellt. Anschließend die Umrisse mit Bleistift auf weißen Karton übertragen. Die Innenflächen werden mit dem Cutter herausgeschnitten. Für das Ausschneiden der Kreisform eignet sich die Schere besser. Die ausgeschnittenen Sterne werden auf der Rückseite mit Goldkrepp beklebt. Jeweils zwei dieser hinterklebten Sterne Rücken an Rücken zusammenfügen.

Winterlandschaft

Nach dem Übertragen der Vorlage auf schwarzen Karton mit dem Herausschneiden der Sterne und der kleinen Flächen beginnen. Es folgt das Glätten der Schnittränder. Dazu wird ein Bogen Papier aufgelegt. Mit dem Fingernagel werden die Schnittkanten kräftig nachgezogen und dadurch geglättet.

Daraufhin wird mit dem Hinterkleben mit Transparentpapier begonnen. Der Sternenhimmel kann als eine gelbe Fläche ausgeschnitten werden. Für das Hinterkleben der ausgeschnittenen Flächen ist keine bestimmte Reihenfolge zu beachten. Es empfiehlt sich jedoch, Flächen gleicher Farbe zusammen aufzukleben, also zuerst alle weißen, dann alle grünen Flächen etc. Siehe Vorlagenbogen

Weihnachtszeit ist Sternenzeit

Von beiden Sternformen werden zuerst Schablonen angefertigt, d.h. sie werden abgepaust, die abgepausten Motive auf einen Kartonrest geklebt und ausgeschnitten. Mit diesen Schablonen können die Umrisse mit Bleistift beliebig oft auf dunklen Karton übertragen werden. Jeden Stern doppelt ausschneiden und weißes Transparentpapier dazwischenkleben.

Mal klassisch, mal modern

Beim Abpausen der Konturen sollte das weiße Transparentpapier rutschsicher fixiert werden. Den abgepausten Stern auf einen Kartonrest kleben und exakt mit dem Cutter ausschneiden. Mit Bleistift werden die Konturen dieser Schablone auf dunklen Karton übertragen. Beim Ausschneiden mit dem Cutter ist sehr konzentriertes, exaktes Arbeiten erforderlich, weil bei diesem kleinen Format Unregelmäßigkeiten sofort auffallen. Die bunten Transparentpapierflächen werden von hinten an einem Stern befestigt, und die zweite, identische Form wird angebracht.

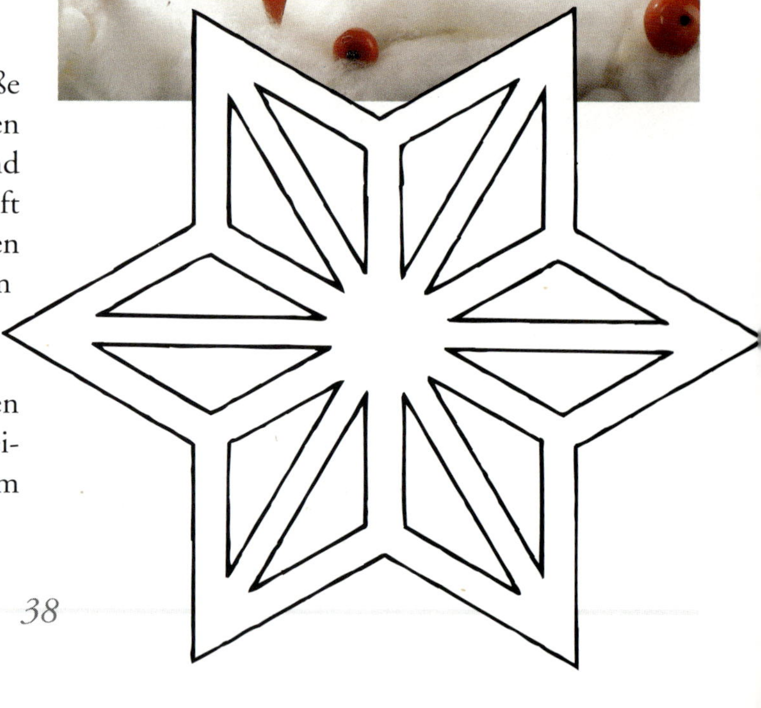

Sternornament

Beim Abpausen des Sternes unbedingt den Mittel
punkt markieren. Sowohl die durchgezogenen
als auch die gestrichelten Linien mit Bleistift
und Lineal abpausen. Nachdem der abgepauste
Stern auf dem dunklen Karton fixiert ist, zuerst den
Mittelpunkt einstechen. Nun können die Linien mit
Kugelschreiber und Lineal nachgezogen werden.
Nach dem Entfernen des Pauspapiers wird mit dem
Zirkel der Außenkreis des Sternes direkt auf den
Karton gezeichnet. Beim Herausschneiden der Innenflächen mit den weiß unterlegten Dreiecken
beginnen. Daraufhin wird der kleine Innenstern
herausgeschnitten. Es folgt die größte Sternform und
schließlich die mittlere, bei der auch die Schere

Einfach - und doch effektvoll

Von der Sternform wird zunächst eine Kartonschablone hergestellt. Mit dem Cutter die Innenfläche herausschneiden. Für das Nachschneiden der äußeren Kontur können sowohl Cutter als auch Schere eingesetzt werden. Die Schablone auf dunklen Karton legen, die Konturen mit Bleistift übertragen und anschließend mit dem Cutter ausschneiden. Aus buntem Transparentpapier wird eine etwas kleinere Sternform ausgeschnitten und zwischen zwei Kartonsterne geklebt. Siehe Vorlagenbogen

eingesetzt werden kann. Der Stern besteht jetzt aus zwei Teilen, die durch die durchgezogenen bzw. gestrichelten Linien erkennbar sind. Wenn die Rückseite auch gestaltet werden soll, sind beide Teile doppelt notwendig. Beim Hinterkleben mit Transparentpapier ebenfalls mit den weiß unterlegten Dreiecken beginnen. Zum Aufkleben der blauen Transparentpapiere beide Sternteile auf die Schnittvorlage legen und das Transparentpapier in einem Arbeitsschritt auf beiden Sternen fixieren. Siehe Vorlagenbogen

Rot und gelb - die Weihnachtsfarben

Beim Freilegen der Innenflächen von innen nach außen arbeiten. Die Umrißlinien können mit der Schere nachgeschnitten werden. Beim Hinterkleben der Innenflächen mit buntem Transparentpapier gibt es keine bestimmte Reihenfolge. Es empfiehlt sich, die Transparentpapierflächen immer gleich mehrfach auszuschneiden. Der vierzackige Mittelstern wird zum Schluß von vorne aufgeklebt. Siehe Vorlagenbogen

HOLZ

Holz ist DAS Naturmaterial. Es wurde zwar in vielen Bereichen von modernen Materialien in den Hintergrund gedrängt, aber manche Dinge müßen einfach aus Holz sein.

Holz läßt sich nicht so problemlos verarbeiten wie manches andere Material, aber vielleicht versuchen Sie es zuerst mit Sperrholz. Ein kleines Puzzle aus Sperrholz ist ein hübsches Geschenk und nicht schwer auszusägen. Sicher fallen Ihnen neben den beiden gezeigten Motiven noch andere Gestaltungsmöglichkeiten ein. Ebenso für die Anhänger - wie wäre es mit Sternen oder Weihnachtsmännern?

Das nächste Kapitel, zugleich auch die nächste Schwierigkeitsstufe, ist Kerzenleuchtern gewidmet, deren Art ihren Ursprung in Skandinavien, vornehmlich in Schweden, hat.

Diese Kerzenleuchter sind auch in Deutschland sehr beliebt , und so sieht man sie in der Adventszeit sehr häufig in den Fenstern stehen. Falls Sie nicht über das nötige Werkzeug verfügen, kann Ihnen vielleicht ein Schreiner beim Aussägen der Grundformen behilflich sein.

Die Krippe mit Maria, Josef und dem Jesuskind darf an Weihnachten nicht fehlen, und am schönsten ist sie natürlich aus Holz. Zwei von vielen Möglichkeiten werden hier vorgestellt. Zunächst eine Krippe, bei der mit sehr viel Liebe zum Detail alles von Hand gearbeitet wurde, vom Haus bis hin zu jedem einzelnen Werkzeug. Das zweite Beispiel ist ausschließlich auf naturbelassenes Holz eingestellt: eine Wurzelkrippe. Hier können Sie mit viel Phantasie eine Krippe gestalten, die sehr urwüchsig und schutzgebend wirkt.

SPERRHOLZ

Anhänger: Tannen und Glocken

Sperrholz, 0,3 bis 0,4 mm stark
Butterbrot- oder Transparentpapier
Bleistift, Kohlepapier, Laubsäge
Bohrmaschine, Schleifpapier

Von Glocke und Tannenbaum in verschiedenen
Größen Schablonen anfertigen, und die Umrisse mit
Kohlepapier auf Sperrholz übertragen. Bei beiden
Motiven zuerst die Innenfläche heraussägen. Dazu
ein Loch einbohren, das Laubsägeblatt hineinstecken
und in die Säge einspannen. Nun wird die Innenfläche herausgesägt. Das Sägeblatt wieder lösen und
außerhalb erneut einspannen. Die äußere Kontur
nachsägen und das Aufhängeloch einbohren. Zwischen jeweils zwei gleiche Motive buntes Transparentpapier kleben bzw. leimen.

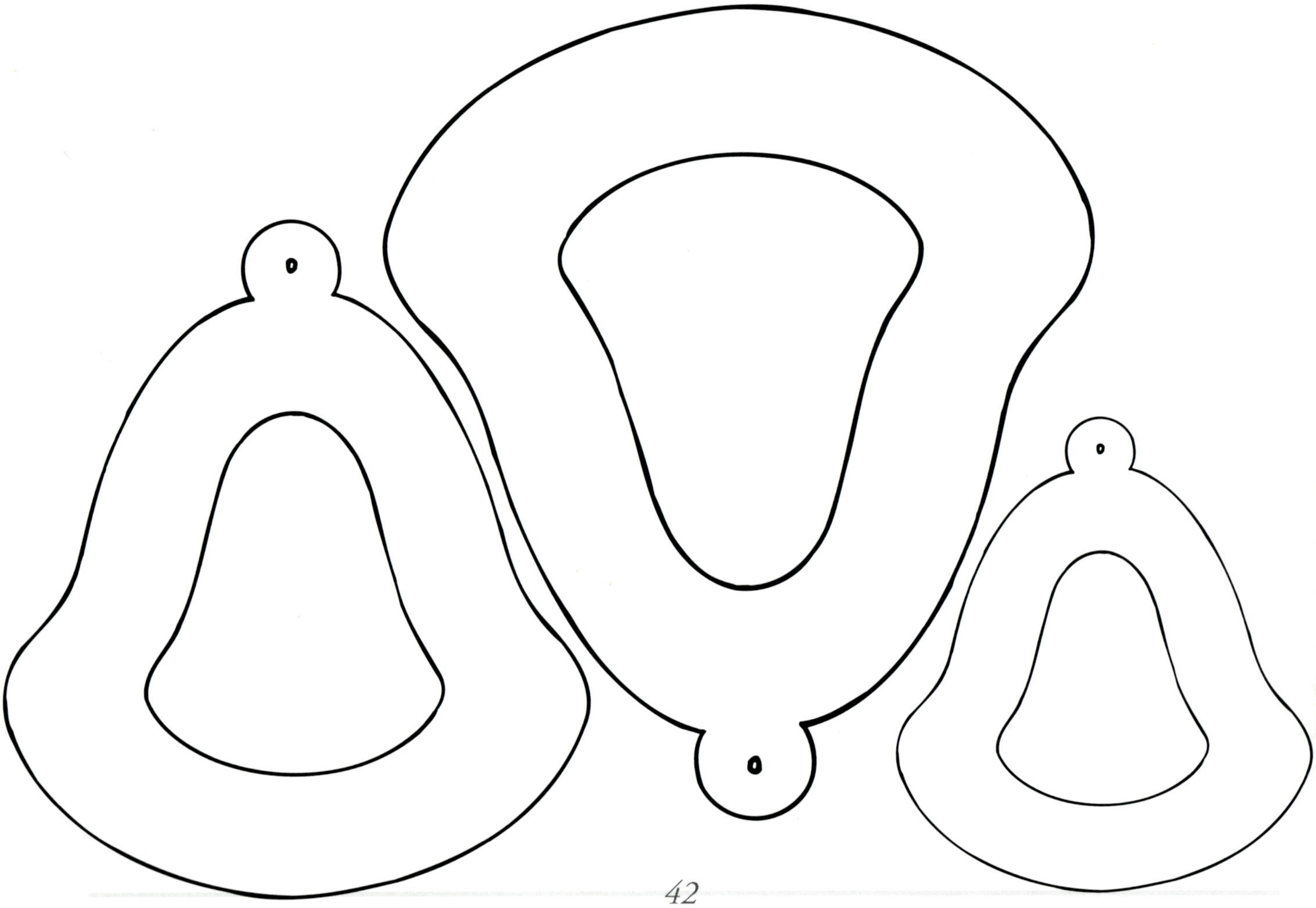

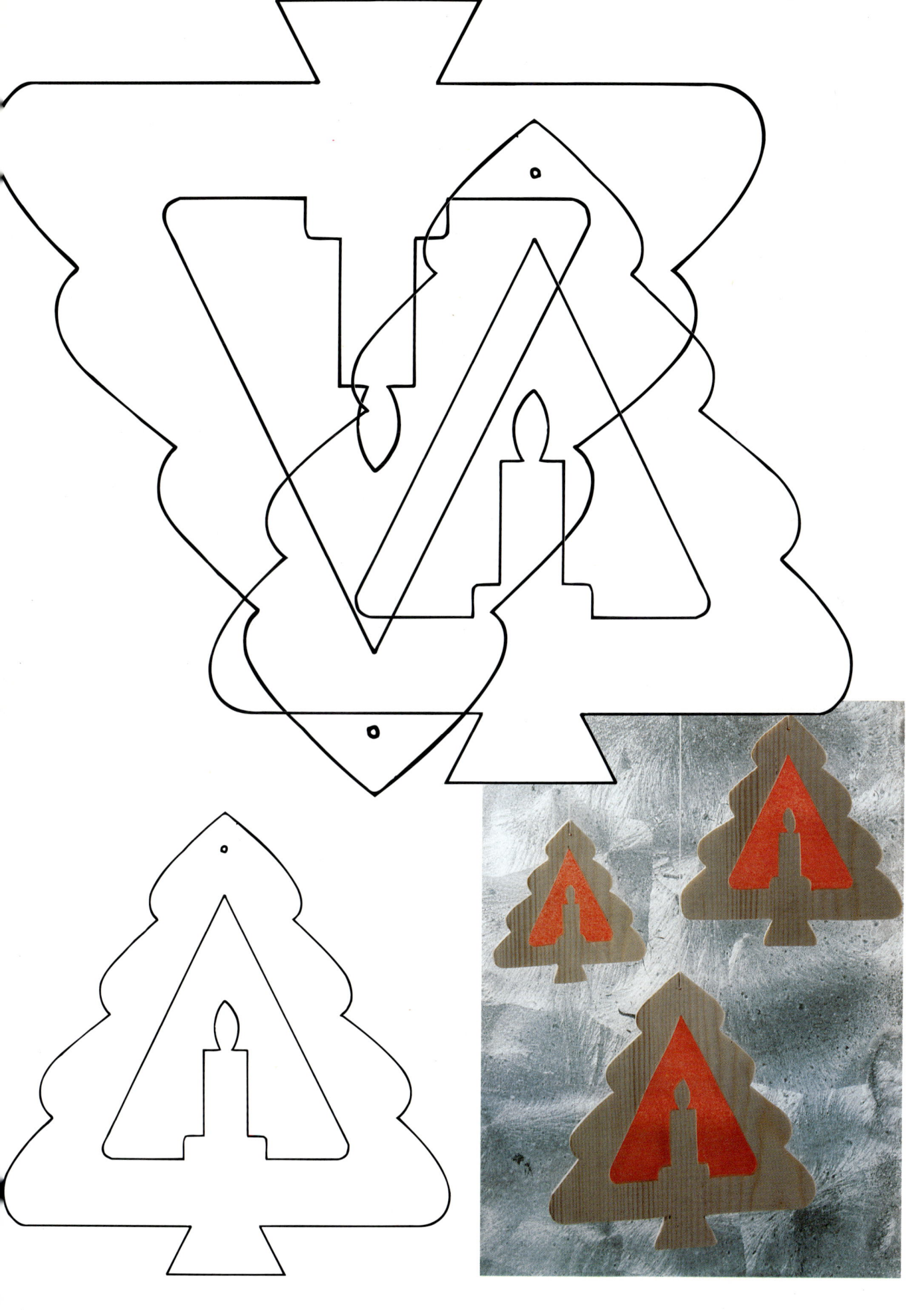

KERZENLEUCHTER

Kerzentreppe

Kiefernblock, 4 cm dick, Kreissäge, evtl. Stichsäge
Stecheisen, Hammer, Bohrmaschine, Schleifpapier
Bleistift, Butterbrotpapier, Kohlepapier, Geo-
Dreieck

Die abgepausten Umrisse mit Kohlepapier auf einen
4 cm dicken Kiefernblock übertragen. Mit der
Kreissäge die Umrisse nachsägen. Der tiefste Ein-
schnitt an der Unterseite ist für die Kreissäge nicht
erreichbar. Hier wird dann entweder die Stichsäge
oder das Stecheisen eingesetzt. Abgesehen von der
obersten Stufe (5 cm x 4 cm) mißt jede Stufe 4 cm
x 4 cm. Die Ecken mit Bleistiftlinien verbinden und
in die Kreuzungspunkte die Bohrungen für die
Kerzen (2 cm Ø) bohren. Den Leuchter mit Schleifpapier überarbeiten, evtl. die Ecken und Kanten
abrunden. Siehe Vorlagenbogen.

Sechsarmiger Leuchter

Kiefernbrett, 1,2 cm stark, Rundholzstab, 1 cm Ø
Bleistift, Winkel, Tischbohrmaschine, Tischkreis-
säge, Schleifpapier, Holzleim

Sämtliche Teile werden aus einem 1,2 cm dicken
Kiefernbrett herausgesägt. Von der zunächst qua-
dratischen Bodenplatte (18 cm x 18 cm) werden die
Ecken abgesägt. In die Mitte der achteckigen Bodenplatte ein Loch (1 cm Ø) bohren. In die Öffnung
wird ein Rundholzstab (17,5 cm lang, 1 cm Ø) geleimt. Zur Verstärkung der Bodenplatte noch eine
kleine quadratische Platte (5 cm x 5 cm) aufleimen.
Von den sechs Kerzenarmen haben jeweils zwei
dieselbe Länge: 14 cm, 23 cm, 32 cm. Alle Arme sind
gleich breit (3 cm), gleich hoch (1,2 cm), haben die
gleiche Bohrung in der Mitte (1 cm) und an den
Enden Kerzenhalterungen (1,5 cm Ø). Das Abschlußstück (5 cm x 3 cm x 1,2 cm) wird nur einmal
benötigt. Es fehlen noch sieben Holzquadrate (3 cm
x 3 cm x 1,2 cm), die ebenfalls eine Bohrung (1 cm Ø)

haben und von unten an jeden der sechs Arme sowie an das Abschlußstück geleimt werden. Nun das Holzbäumchen aufbauen, d. h. auf den Rundholzstab die Kerzenarme und das Abschlußstück aufstecken. Die Arme bleiben frei drehbar. Das Abschlußstück wird evtl. aufgeleimt. Siehe Vorlagenbogen.

Kerzenpyramide

Gehobelte Kiefernholzplatte, 1,2 mm stark Transparentpapier, Bleistift, Lineal, Kohlepapier, Kreissäge, Bohrmaschine, Feile, Schleifpapier, Holzleim

Das abgepauste, gleichseitige Dreieck mit der gekappten Spitze mit Kohlepapier zweimal auf 1,2 cm dickes Kiefernholz übertragen. Beide übertragenen Dreiecke unterscheiden sich in der Mitte. Weil später beide Teile ineinandergesteckt werden sollen, muß beim einen Teil oben (gestrichelte Linie), beim anderen Teil unten (durchgezogene Linie), ein 1,2 cm breiter Spalt herausgesägt werden. Die acht Kerzenhalter haben die Maße 5,5 cm x 3,6 cm x 1,2 cm. Jeder Kerzenhalter erhält zunächst eine Bohrung (2 cm Ø), die jedoch nur maximal 0,7 cm tief sein soll (punktierte Linie).
Auf der gegenüberliegenden Seite erfolgt eine Einkerbung. Dazu wird die 3,6 cm breite Seite in drei gleiche Teile unterteilt. Das mittlere Teilstück wird mit der Kreissäge zunächst 1,1 cm tief eingesägt. Während des Sägens das Holzstück quer zum Sägeblatt vorsichtig hin- und herschieben, bis die Vertiefung herausgesägt ist. Nun muß diese Vertiefung immer an der Innenseite noch abgeschrägt werden (gestrichelte Linie). Dies kann teilweise erneut mit der Kreissäge oder mit der Feile gemacht werden. Die Abschlußplatte ist quadratisch (5,5 cm x 5,5 cm x 1,2 cm) und hat die gleiche Bohrung (2 cm Ø) in der Mitte. Alle Teile an Ecken und Kanten leicht abrunden und die Oberfläche abschleifen. Die Pyramide zusammenstecken, und die Kerzenhalter in 3,5 cm bzw. 10,5 cm Höhe anleimen. Siehe Vorlagenbogen.

KRIPPEN

Krippengestaltung - mit Sinn fürs Detail

Fest steht am Anfang nur der untere, verputzte Teil des Stalles, der aus Preßspanplatten besteht, und der grobe Aufbau des Dachstuhls.
Die Brettenden der Giebelverblendung werden mit der Laubsäge unregelmäßig abgesägt. Balken, Pfetten und Pfosten werden ähnlich bearbeitet, teilweise sogar angesengt und braun gebeizt. Nun werden Fenster und Türbogen provisorisch eingepaßt und wieder entfernt. Es folgt das Verputzen der Wände mit Fertigputz, bis auf eine kleine Fläche unter dem Fenster. Hier werden später Mauersteine durch aufgemalte Linien angedeutet. Ist der Putz getrocknet, erfolgt die Fixierung von Fenster und Torbogen. Die innere Rückwand, beim Verputzen ausgespart, wird mit Brettchen verkleidet. Nach dem Verlegen des Dachbodens folgt der Aufbau des Dachstuhls. Pfosten werden aufgerichtet und die Pfetten darauf befestigt. Als Dachflächen dienen zunächst zwei dünne Sperrholzplatten. Holzschindeln, von unten nach oben verlegt, verdecken das Sperrholz. Als Abschluß der Schindeln werden am First zwei Brettchen im entsprechenden Winkel zusammengeleimt. Die Schindeldeckung erfolgt jedoch erst ganz zum Schluß, nachdem auch der Verschlag angebracht ist. Die Firstpfette von unten am Sperrholz anleimen. Die Anbringung des Daches erfolgt erst, nachdem der Flaschenzug fixiert ist.
Anschließend am Sperrholz der Giebelseiten aufgeleimte und am Dachboden mit Holznägeln fixierte Brettchen schließen die Giebelwände bis auf die Giebeltür. Die Holznägel sind entsprechend gekürzte Streichhölzer, die in vorgebohrte Löcher geleimt werden. Evtl. muß noch an der Unterseite der Sperrholzplatten jeweils ein Vierkantholz aufgeleimt werden, um die Auflagefläche für die aufgeleimten Brettchen zu vergrößern. Aufgeleimte Dachbalken verdecken die oberen Brettenden. Nun kann der Einbau der Giebeltür erfolgen. Die Türbänder sind aus dünnem Blech zurechtgeschnitten und werden

Krippengestaltung: Albert Früh, Metzingen

mit winzigen Nägeln am Holz befestigt. Der Türverschluß besteht aus einem kleinen, geschnitzten Drehriegel. Der anschließend angebaute Schuppen aus Brettern gründet auf einer Fachwerkkonstruktion, die mit einer Sperrholzplatte abgedeckt wird. Nach der Verkleidung mit Holzbrettchen kaschiert ein breiterer, dunkel gebeizter Balken die Stellen, wo Stall und Schuppen aneinander stoßen. Auch hier hat die Tür Bänder aus zurechtgeschnittenen Blechstreifen, die aufgenagelt werden. Ein geschnitzter Holzriegel schließt die Tür.

Durch die geöffnete Giebeltür ist der Dachboden noch teilweise erkennbar. Er findet seine Fortsetzung in dem Schwellenbrettchen unter der Giebeltür, das auf zwei vorgezogenen Deckenbalken befestigt wird. Die mit dem Bunsenbrenner angesengten Balken und Pfetten, in deren Oberfläche vorher mit dem Messer Risse und Unregelmäßigkeiten geschnitten werden, sind deutlich erkennbar. Die Überarbeitung mit Holzbeize erfolgt noch vor dem Einbau. Vor der Überdachung der vorragenden Firstpfette, mit zwei im Winkel der Dachneigung zusammengeleimten Brettchen, erfolgt die Befestigung des drehbaren Flaschenzuges. Aus einem Holzklötzchen wird für das Holzrad eine Vertiefung ausgesägt. Anschließend sind zwei Bohrungen für das Radlager und die Aufhängung notwendig. In diese Bohrungen werden entsprechend gekürzte Zahnstocher gesteckt, die

abermals beidseitig angebohrt werden. In diese Bohrungen passen der Länge nach geviertelte Streichholzstücke. Der Drehriegel ist ähnlich aufgebaut.

Körbe, selbst in dieser Größe, gibt es in reicher Auswahl im Fachhandel. Der Schemel hat vier Beine aus geschälten Weidenzweigen, die in die Sitzfläche eingeleimt werden. Für den kleinen Besen werden einige Binsen von einem großen Binsenbesen abgeschnitten, auf die entsprechende Länge gekürzt, um ein Rundholzstäbchen gelegt und mit Zwirn festgebunden.

Zwischen der Bretterverkleidung des Anbaus ist teilweise das Balkenfachwerk erkennbar. Daß der Anbau als Stall dient, wird durch die an der Wand angebrachte Futterraufe deutlich. Die Angeln der Holztür bestehen aus zwei rechtwinklig gebogenen Drahtstücken, die in vorgebohrte Löcher des Tür-balkens gesteckt und auf der Rückseite abermals umgebogen werden. Aus dünnen Blechstreifen, die an einem Ende eingerollt werden, damit sie genau auf die Türangeln passen, werden die Bänder aus-geschnitten. In die Bänder mit einem Körner die Löcher für die kleinen Nägel einschlagen.

Hier sind sämtliche Werkzeuge zu sehen, die für die Brennholzherstellung notwendig sind. Das Sägeblatt der Handsäge stammt von einer kleinen Holzsäge. Ein kurzes Stück davon wird in die eingekerbten Griffe gesteckt. Auch der Spanndraht darf nicht fehlen. Bei der anderen Säge werden die Zähne ein-zeln eingesägt. Sägebock, Spaltklotz und Holzstapel sind auch vorhanden. Die Holzstapel bestehen aus gleichlangen, gespalteten Zweigstücken, die auf-einandergeleimt werden. Die beiden Pfosten, die den Holzstapel abstützen, sind durch zwei gespannte Drähte verbunden. Schmale, aufgenagelte Metall-bänder halten den Holzhammer zusammen.

Sensen, Rechen, Dreschflegel oder Binsenbesen in Miniaturausführung erfordern sehr viel Geschick. Sämtliche Holzteile bis auf den Besen (Rund-holzstäbchen) und die Rechenzinken (Streich-holzstücke) sind von Hand geschnitzt. Die Sensen bestehen aus dünnem Blech. Dies wird mit der Blechschere zurechtgeschnitten und dort, wo der Stiel später befestigt wird, zu einer Öse gebogen. Die beiden Holzteile des Dreschflegels verbindet ein schmaler, mit Zwirn fixierter Lederstreifen.

Krippengestaltung: Krippenverein Ichenhausen

Wurzelkrippe

Bizarre Wurzelformen, wie wir sie vorwiegend auf steinigen Böden antreffen, wo sich die Wurzeln mühsam ihren Weg suchen müssen, eignen sich hervorragend für Weihnachtskrippen. Vor allem Eichen- und Buchenwurzeln haben teilweise sehr eindrucksvolle Formen. Auch Nadelhölzer wie Kiefer und Lärche können verwendet werden, während man auf Fichtenwurzeln besser verzichtet, weil diese leicht von innen her faulen. Bereits morsche Wur-

zelstücke läßt man besser im Wald, da sie sich im Laufe der Zeit immer mehr zersetzen. Die Wurzeln werden getrocknet, mit einer Bürste von Schmutz und von weichen Holzpartien befreit und zu einer Wurzelkrippe angeordnet. Schrauben halten die Wurzeln auf einer Bodenplatte aus Brettern, Preßspan oder Sperrholz in der gewünschten Anordnung. Lücken werden mit Moos und Flechten geschlossen. Stark ausgebleichte Wurzeln können mit Holzlasur überarbeitet werden.

WOLLE, STOFF UND FILZ

Laßt uns froh und munter sein
und uns in dem Herren freu'n!
Lustig, lustig tra la la la la,
bald ist Niklausabend da,
bald ist Niklausabend da.

Ganz gleich, ob gestickt, gestrickt, gehäkelt oder aus Filz geklebt - auch die Handarbeiten stehen in der Adventszeit natürlich unter dem Thema Weihnachten.

Die Dinge, die hier entstehen, sind zugleich hübsch und nützlich. Vielleicht möchten Sie ein Buch verschenken, das passende Weihnachtsbuchzeichen finden Sie hier. Oder selbst gesammelte Kräuter und Gewürze - an die Verpackung wurde bereits gedacht.

Kinder können die lustigen Topflappen, z.B. den Schneemann, nacharbeiten, während die etwas schwierigeren Kreuzstichmodelle eher für Erwachsene gedacht sind. Beim Nikolausstiefel aus Rupfen und Filz kann sich die ganze Familie beim Basteln beteiligen - sicher bringt dann der Nikolaus auch für jeden etwas mit.

HANDARBEITEN

Buchzeichen

Aidaband, 5 cm breit, 22 cm lang in Natur, Stick-twistreste, feine Sticknadel ohne Spitze, Häkel-nadel, 2 mm

Das Band oben gerade einsäumen, unten auf Spitze legen und ebenfalls umnähen. Nun die Kreuz-stichmotive von der Mitte aus einteilen und mit zweifädigem Sticktwist nach dem Zählmuster ar-beiten. Nach Fertigstellung die Arbeit von der linken Seite bügeln, evtl. etwas stärken. Oben wird noch eine Luftmaschenkette mit Sticktwist angehäkelt und in derselben Farbe bringt man an der Spitze eine Quaste an. Siehe Vorlagenbogen.

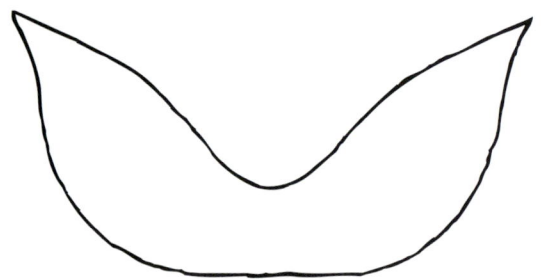

Engelanhänger

Wollreste in Gold, Weiß und Hautfarben; Spiel-stricknadeln, 2.5 mm, 15 cm lang; Stickgarnreste in Schwarz und Rosé; Sticknadel; Taftband in Rosé, ca. 4 cm breit; Füllmaterial

In Gold 20 Maschen verteilt auf 4 Nadeln anschlagen und 5 Runden glatt rechts stricken. Dann 15 Runden in Weiß und 8 Runden in Hautfarben arbeiten. Für die Haare 3 Runden in Gold glatt rechts stricken. In der 4. Runde der Haare auf jeder Nadel je 1 Masche abnehmen. Die 5. Runde glatt rechts arbeiten und in der 6. Runde wieder 4 Maschen verteilt ab-nehmen.

Die restlichen Maschen mit dem Endfaden zu-sammenziehen und den Faden als Aufhänger an-bringen. Nun den Kopf ausstopfen und abbinden. Die Arme abnähen und den Körper ebenfalls aus-stopfen. Den unteren Teil fest zusammenziehen und den Faden vernähen. Die Taftflügel nach der Schnittzeichnung ausschneiden und auf dem Rücken festnähen. Zum Schluß das Gesicht auf-sticken und die Engelchen mit einer netten Frisur und kleinen Accessoirs ausstatten.

Gewürzsäckchen

Zählstoff, natur (10 Fäden = 1 cm), 14 cm x 32 cm Sticktwistreste, feine Sticknadel ohne Spitze, Kordel, Füllung: Zimt und Anis

Den Stoff auf 14 cm x 32 cm zuschneiden. In der oberen Hälfte mit zweifädigem Twist über zwei Fäden im Kreuzstich nach dem Zählmuster arbeiten. Das Gewürzsäckchen zusammennähen, füllen und mit einer Kordel zubinden. Siehe Vorlagenbogen.

Topflappen: Tannenbaum

50 g grünes Baumwollgarn; Restgarne in Braun, Rot und Gelb; Häkelnadel, 3 mm

In Grün 45 Luftmaschen anschlagen und darauf 42 Stäbchen häkeln. Bis zur 28. Reihe am Anfang in jeder Reihe 1 Stäbchen abnehmen. Zum Schluß für den Aufhänger 8 Luftmaschen häkeln und mit einer Kettmasche befestigen. Nun den Tannenbaum mit festen Maschen umrunden, ebenfalls um den Auf -

hänger 8 feste Maschen arbeiten. Für den braunen Stamm in der unteren Mitte 17 feste Maschen häkeln und darauf nochmals 3 Reihen arbeiten.

Gelbe Sterne: 5 Luftmaschen anschlagen und zum Ring schließen. In der 1. Runde 9 feste Maschen in den Luftmaschenring häkeln. 2. Runde: 1 feste Masche, 4 Luftmaschen und dann in die 1. der 4 Luftmaschen 1 feste Masche häkeln, sechsmal wiederholen, dabei die Zacken gleichmäßig auf die Runde verteilen. Rote Kugeln: 5 Luftmaschen anschlagen, zum Ring schließen. In die 1. Runde 9 feste Maschen häkeln, in der 2. Runde jede 2. feste Masche verdoppeln. Zum Schluß die Sterne und Kugeln unsichtbar festnähen. Bei den Kugeln zusätzlich einen Faden einziehen und kleine Schleifchen anbringen. Siehe Vorlagenbogen.

Topflappen: Häuschen

50 g lachsfarbenes Baumwollgarn; Restgarne in Braun, Rot, Rost und Weiß; Häkelnadel, 3,5 mm

Mit lachsfarbenes Garn 33 Luftmaschen anschlagen und über 21 Reihen 32 feste Maschen häkeln. Am Anfang der 22. Reihe zusätzlich 4 Luftmaschen arbeiten, wenden und darauf 3 feste Maschen häkeln.

Die 23. Reihe ebenso arbeiten (= 38 feste Maschen). Für die Dachschrägung bis zur 40. Reihe stets am Anfang und Ende jeder zweiten Reihe 1 Masche abnehmen. Das rostfarbene Dach mit 3 Reihen festen Maschen umhäkeln, dabei für den Aufhänger in der vorletzten Reihe 8 Luftmaschen einhäkeln und in der letzten Reihe darauf feste Maschen häkeln.

Braune Tür: 11 Luftmaschen anschlagen und über 10 Reihen 10 feste Maschen häkeln. Nun darauf in Rost, in der Mitte beginnend, feste Maschen arbeiten, dabei stets die Maschen beliebig verdoppeln, so daß ein Halbkreis entsteht.

Zwei weiße Fenster: 9 Luftmaschen anschlagen und über 10 Reihen 8 feste Maschen häkeln. Zum Schluß das Fenster mit festen Maschen umhäkeln.

Großes Herz: Mit 3 Luftmaschen beginnen und 2 feste Maschen darauf häkeln. Bis zur 6. Reihe am Anfang und am Ende jeder Reihe 1 Masche, zunehmen (= 12 feste Maschen). Nun über 6 feste Maschen 4 Reihen häkeln und getrennt über den anderen 6 Maschen gleich verfahren.

Zwei kleine Herzen: Wie beim großen Herz beginnen und bis auf 6 Maschen zunehmen. Für die oberen Rundungen jedoch 1 feste Masche, in die nächste Masche 3 Stäbchen, dann 2 feste Maschen, 3 Stäbchen und wieder 1 feste Masche häkeln. Alle Häkelteile auf dem Häuschen anordnen und unsichtbar festnähen. In den Türbogen und bei den Fenstern im Vorstich Linien aufsticken. Nun noch einen Türknauf aufsticken. Siehe Vorlagenbogen.

Topflappen: Schneemann

50 g weißes Baumwollgarn; Garnreste in Schwarz, Rot und Grün; Häkelnadel, 3,5 mm

Mit dem weißen Garn 25 Luftmaschen anschlagen und darauf 24 feste Maschen arbeiten. In der 2.-5. Reihe je 2 Maschen am Ende jeder Reihe zunehmen = 32 Maschen. Nun bis zur 26. Reihe stets über 32 Maschen gerade hocharbeiten. Ab 27.-30. Reihe je 2 Maschen am Ende jeder Reihe abnehmen = 24 Maschen. In der 31. und 32. Reihe am Ende jeder Reihe 4 Maschen abnehmen = 16 Maschen. Für den Kopf ab 33.-36. Reihe wieder zunehmen und zwar am Ende der Reihen jeweils 2 Maschen = 24 Maschen. Bis zur 42. Reihe gerade häkeln und am Anfang und Ende der 43. Reihe je 1 Masche abnehmen. Zum Schluß Kopf und Leib mit festen Maschen umhäkeln. Für den Hut mit schwarzem Garn 3 Luftmaschen anschlagen und auf dem Kopf mit 22 festen Maschen weiterhäkeln, am Ende der Reihe nochmals 3 Luftmaschen arbeiten und wenden. Über die folgenden 2 Reihen je 28 feste Maschen häkeln. Das rote Hutband über 22 Maschen häkeln und darauf in Schwarz 5 Reihen arbeiten. In der 6. Reihe für den Aufhänger ein paar Luftmaschen häkeln und zum Schluß den Hut mit festen Maschen umrunden. Mit Restgarnen einen gestreiften Schal häkeln und diesen um den Hals schlingen und mit ein paar Stichen unsichtbar befestigen. Nach der Abbildung ein Gesicht aufsticken.

Weihnachts - Tischdecke

Tischdecke in Weiß, 80 cm x 80 cm (1 cm = 12 Fäden); Sticktwist siehe Zählmuster; 1 feine Sticknadel ohne Spitze

Das Motiv von der Mitte aus einteilen und mit dreifädigem Twist nach dem Zählmuster (Vorlagenbogen) im Kreuzstich über 3 x 3 Gewebefäden sticken.

Nikolausstiefel

2 Rupfenteile, je 27 cm x 35 cm; Filz, rot, weiß, dunkelbraun, hellbraun, grün, grau, hautfarben und gelb; Wollvlies in weiß und grau; Sternpailletten Weihnachtsborte, 2 cm breit, 45 cm lang

Die Schnittzeichnung des Stiefels auf Transparentpapier übertragen, ausschneiden und mit Stecknadeln auf den Rupfen heften. Mit ca. 1,5 cm Nahtzugabe den Stiefel zweimal ausschneiden. Die Teile aufeinanderlegen, zusammennähen und wenden. Auf den oberen Rand wird die Weihnachtsborte aufgenäht, dabei hinten eine Schlinge als Aufhänger legen.

Nun alle Filzteile ausschneiden, auf dem Rupfenstiefel anordnen und aufkleben. Auf den Fenstern und der Tür weißes Wollvlies als Schnee befestigen und den Weg mit grauem und weißem Vlies aufkleben. Im oberen Bogen der Fenster Sternpailletten anbringen. Nun kann Nikolaus kommen, um den Stiefel zu füllen.

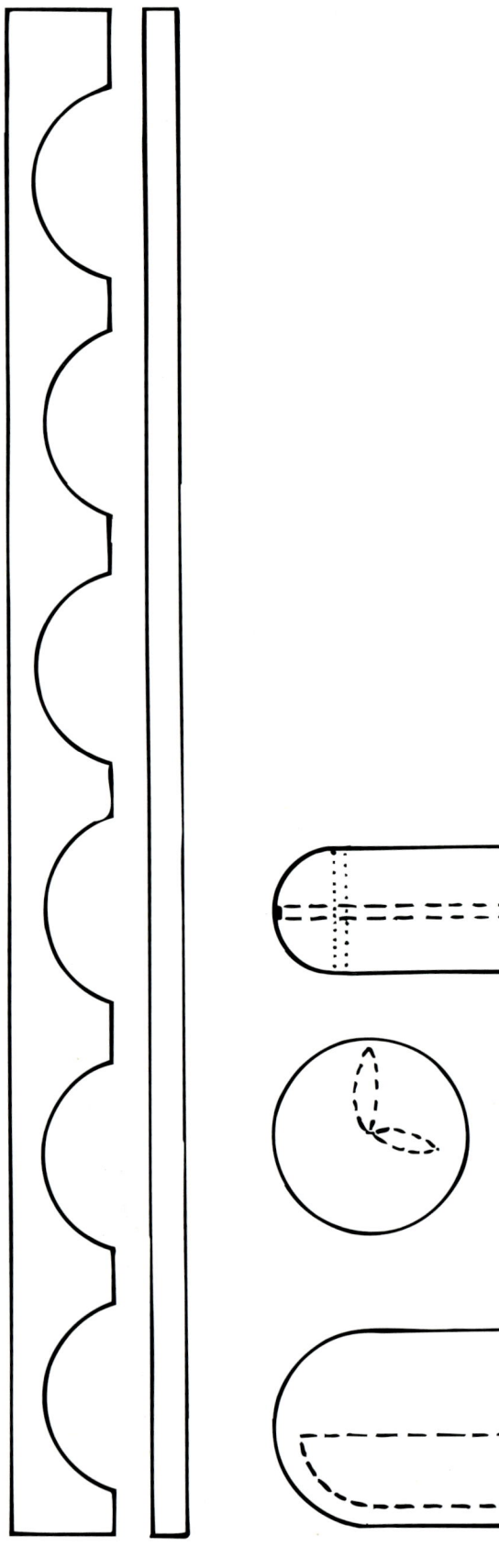

Zwiebeltürme als Kerzenhalter

Kartonrollen, Ø 6,5 cm, Höhe 14 cm und 8 cm;
Filz, pink, lila und weiß; Klebstoff; feine Schere;
passende Zwiebelkerzen

Die Kartonrollen mit Filz in den Grundfarben Pink
bzw. Lila bekleben. Nach den Schnittzeichnungen
die Filzteile ausschneiden und auf die Rollen kleben.
Für die Türklinken jeweils zwei kleine weiße Perlen
aufkleben.
Zum Schluß die Kerzen aufsetzen, so daß die Kerzenhalter wie Zwiebeltürmchen aussehen.

STROH

Der Stern war groß und wunderschön;
im Stern ein Kind mit einer Kron,
ein gülden Kreuz sein Zepter war
und alles wie die Sonne klar.
»Oh Gott, erleucht vom Himmel fern
die ganze Welt mit diesem Stern.«

Auch hier verbinden sich ein natürliches Material und eine alte Tradition. Der Stern ist ein wichtiges Symbol des Christentums: Ein Stern zeigte den Heiligen Drei Königen den Weg nach Bethlehem, und Jesus Christus bezeichnete sich selbst als "der hellstrahlende Morgenstern " (in der Offenbarung des Johannes 22.16.).

So ist es nicht verwunderlich, daß gerade in der Weihnachtszeit Sterne in allen Variationen überall gegenwärtig sind.

Sterne aus Stroh zu binden, erfordert Geduld und Fingerfertigkeit. Aber auch wenn Ihnen Begriffe wie Sechser-Stern und Strohfächer noch fremd sind, sollten Sie sich an die einfacheren Sterne, wie z.B die Sterne aus gebügeltem Stroh oder den Stern im Stern heranwagen. Und mit etwas Übung gelingen dann auch aufwendigere und kompliziertere Modelle wie die Strohsonne und der plastische Stern. All diese Arbeiten sind viel zu schade zum Wegwerfen und so werden diese Strohsterne Ihnen in der Weihnachtszeit immer wieder viel Freude bereiten.

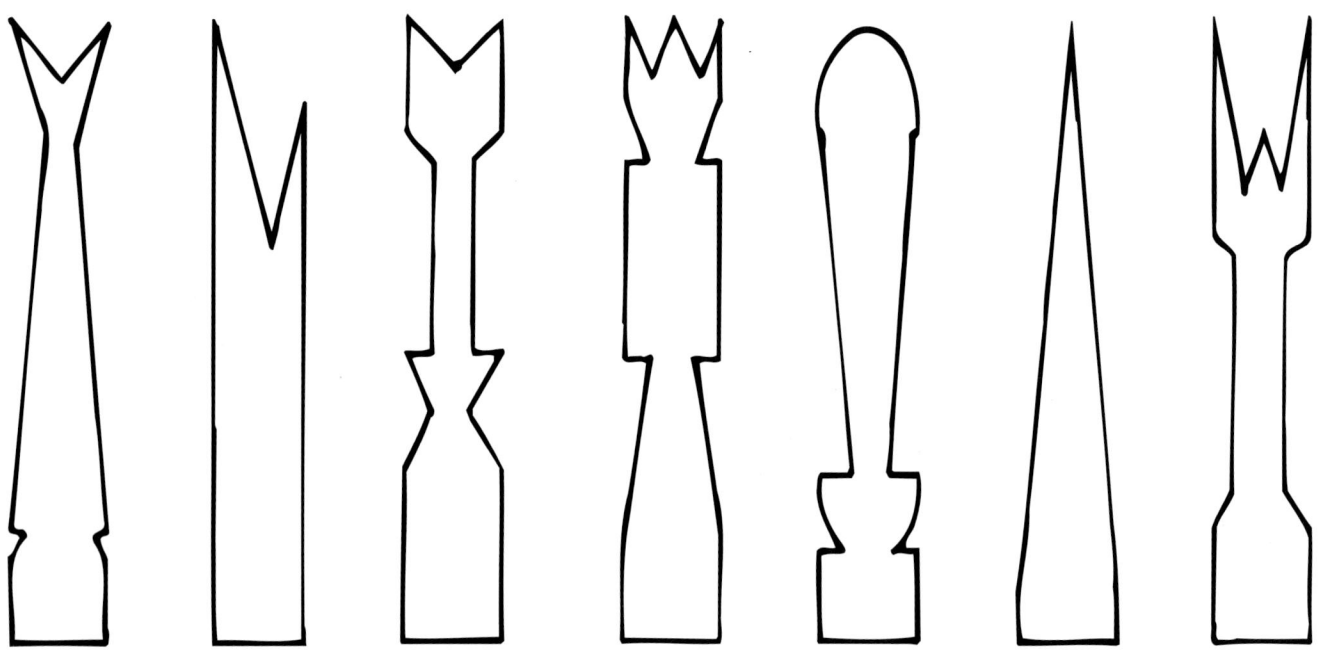

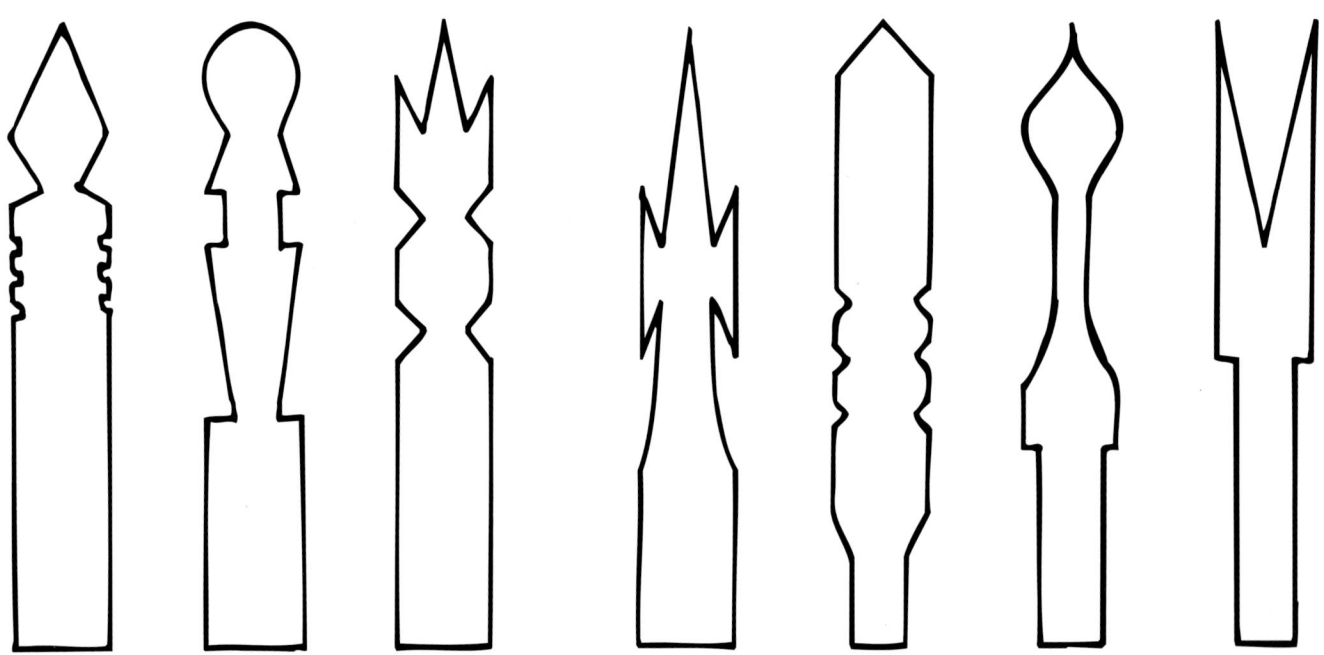

Es gibt viele Möglichkeiten, in gebügeltes Stroh originelle Verzierungen zu schneiden.

Tips zur Verarbeitung von Stroh

Es gibt drei verschiedene Möglichkeiten, Stroh zu verarbeiten.

Ganze Halme werden in der Regel in eingeweichtem Zustand vor allem für Strohfiguren und große Sterne verwendet.
Gebügelte Halme für kleine Sterne, Strohbilder, Strohstreifen und Verzierungen. Die Strohhalme werden eingeweicht, mit einem scharfen Messer oder einer Schere der Länge nach aufgeschlitzt und flachgebügelt.

Ganze gebügelte Halme sind eingeweichte Strohhalme, die (unaufgeschlitzt) flachgebügelt werden.

Einweichen

Je wärmer das Wasser ist, desto schneller können die Strohhalme verarbeitet werden (15 bis 60 Minuten). Naturstroh, d.h. ungebleichtes Stroh, sowie Gras- und Binsenhalme haben eine längere Einweichzeit. Gefärbtes Stroh sollte unbedingt, Farbe für Farbe getrennt, in kaltem Wasser eingeweicht werden, da sonst die Halme abfärben. Nur ganz weiche Halme

weiterverarbeiten, da noch zu trockene Halme sehr leicht schlitzen und knicken.

Bügeln

Die eingeweichten Halme werden in feuchtem Zustand an einer Seite mit einem scharfen Messer oder einer Schere aufgeschlitzt und auf beiden Seiten flachgebügelt. Zum Schonen des Bügelteppichs kann eine dicke Lage Zeitungspapier als Bügelunterlage dienen.
Läßt man das Bügeleisen (bei großer Hitze) über das Stroh gleiten, so erhält man gebräunte Halme. Die eingeweichten ganzen Strohhalme (unaufgeschlitzt) von beiden Seiten flachbügeln.

Gebügeltes Stroh schneiden

Vor allem das Schneiden feiner Spitzen oder komplizierter Einschnitte bereitet oft Schwierigkeiten. Ein kleiner Trick verhindert, daß Zacken und Spitzen abbrechen: Vor dem Schneiden werden die betreffenden Halmenden auf der Rückseite mit Tesafilm beklebt. Bereits abgebrochene Spitzen können mit Hilfe von Tesafilm unauffällig angebracht werden. Die Sterne werden erst eingeschnitten, wenn sie fertig gebunden sind.

Ungebügeltes Stroh einschneiden

Grundsätzlich werden auch hier die Sterne erst eingeschnitten, wenn sie fertig gebunden sind. Wichtig ist auch, daß die Spitzen noch feucht sind, da sie sonst leicht splittern oder abbrechen. Ist das Nachschneiden der Spitzen erforderlich und der Stern bereits getrocknet, so kann er entweder ganz eingeweicht oder die entsprechenden Spitzen in ein nasses Frotteetuch eingeschlagen werden.

Bräunen von Stroh

Strohhalme können auf drei verschiedenen Arten gebräunt werden:
Mit dem Bügeleisen: Eingeweichte, ganze oder aufgeschlitzte Strohhalme mit dem heißen Bügeleisen

Ganze Halme könen auf unterschiedliche Weise dekorativ ab- und eingeschnitten werden.

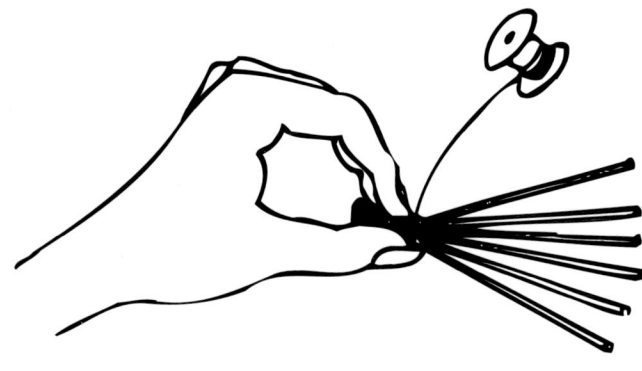

auf der Vorderseite so lange plätten, bis die gewünschte Bräune erreicht ist.

Im Backofen: Ganze Stroh- oder Grashalme im Backofen bei niedriger Temperatur bis zum gewünschten Ton bräunen.

Vorsicht! Das Stroh verbrennt leicht, deshalb nicht aus den Augen lassen !

Auf der Herdplatte: Bereits fertige, große Strohsterne können, mit einem Wassertopf beschwert, für einen Augenblick auf die Herdplatte gelegt werden. Vorsicht! Auch hier kann der Stern leicht verbrennen. Keine Kunststoffäden verwenden, da diese bei großer Hitze schmelzen. Zum Binden dieser Sterne nur Fäden aus Naturfasern verwenden. Ist der Durchmesser der Herdplatte kleiner als der Stern, so wird nur die Sternmitte gebräunt.

Strohfächer

Die eingeweichten Halme gleicher Stärke werden parallel nebeneinander gelegt, mit der rechten Hand beschwert und zwischen Daumen und Zeigefinger der linken Hand ca. 2-3 cm vom Halmende enfernt vorsichtig zusammengedrückt. Nun mit der rechten Hand die Halme direkt an der Druckstelle mit einem starken Faden umwickeln und fest zusammenbinden. Nach dem Trocknen evtl. nochmals nachbinden. Bei 8 und mehr Halmen können zwei Fächer gebunden werden. Z.B. werden bei 10 Strohhalmen zwei Fächer à 5 Halme gefertigt, die dann wiederzu einem Fächer gebunden werden. Dieser zusätzliche Arbeitsgang verleiht dem Fächer mehr Stabilität und dem Stern ein gleichmäßigeres Aussehen.

Vierer-Stern

Wie der Name schon sagt, wird der Stern aus vier Halmen gebildet. Jeweils zwei gleichlange Halme werden so übereinandergelegt, daß zwei Kreuze entstehen. Beide Kreuze auf Lücke übereinanderlegen und nach der Zeichnung zusammenbinden. Der Stern kann entweder in der Hand oder auf dem Tisch gebunden werden. Zum Binden wird der Zeigefinger der linken Hand auf die Sternmitte gedrückt, während gleichzeitig mit der rechten Hand der Faden zwischen den Halmen durchgeführt wird.

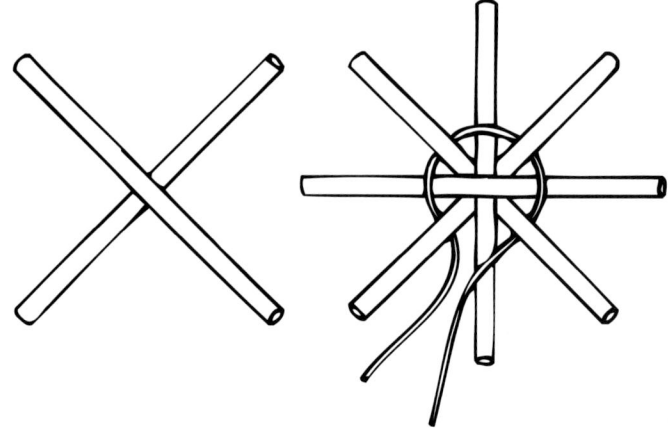

Legen und Binden eines 4er-Sterns

Sechser-Stern

Dieser Stern wird aus sechs Halmen gebildet. Drei Halme so legen, daß sechs gleichschenkelige Dreiecke entstehen. Die anderen drei Halme auf Lücke darauflegen. Wie beim Vierer-Stern binden.

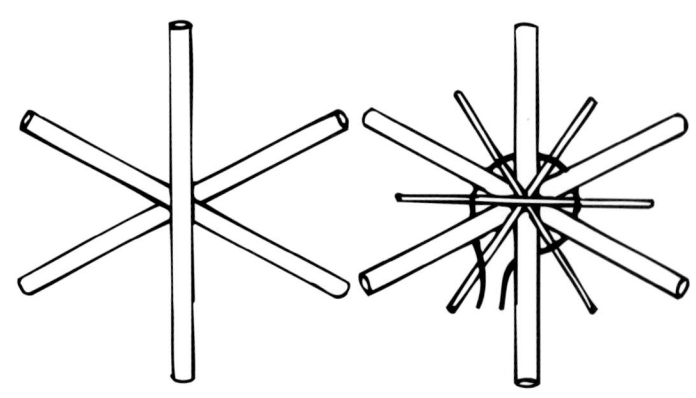

Legen und Binden eines 6er-Sterns

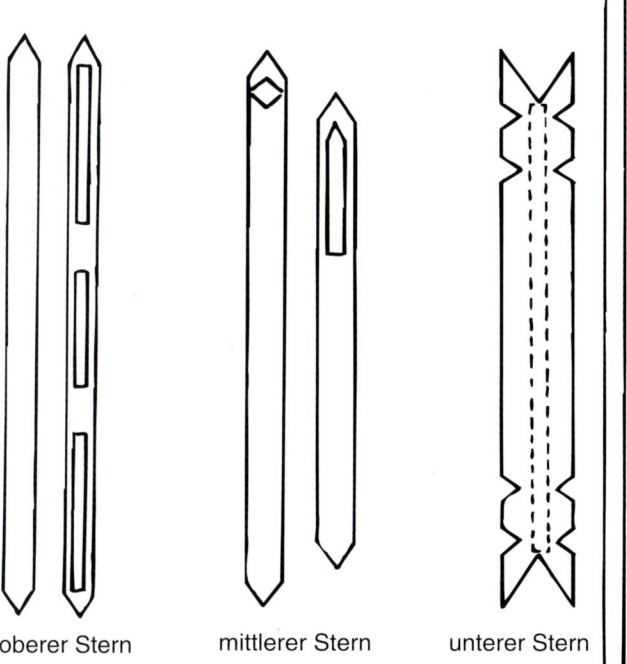

oberer Stern   mittlerer Stern   unterer Stern

Vierersterne

Material:
gebügelte Strohhalme nach Zeichnung
gebügelte Strohhalme (Reste in Rot und Grün)

Sämtliche Sterne sind Vierersterne, d. h. vier gleiche, zurechtgeschnittene Halme werden zu einem Stern verbunden. Die Verzierung mit grünen bzw. roten Strohstreifen erfolgt durch Aufkleben vor dem Binden. Anschließend werden zwei Vierersterne versetzt aufeinandergelegt und miteinander verwoben.

oberer Stern

unterer Stern

Sterne aus gebügeltem Stroh
(Siehe Text Seite 62)

Sterne aus gebügeltem Stroh

Für jeden Stern werden sechs schmale und sechs breite Strohstreifen benötigt, die entsprechend der Vorlage gekürzt und eingeschnitten bzw. spitz zugeschnitten werden. Aus den sechs schmalen, zurechtgeschnittenen Streifen einen Sechserstern binden. Dasselbe mit den breiten Halmen ausführen. Beide Sterne miteinander verweben. Abschließend können die Sterne noch mit Sternchen aus Goldkrepp bzw. vergoldeten Perlen verziert werden.

Material:
gebügelte Strohhalme, in Form geschnitten.

Kleine Sterne für den Christbaum

Oberer Stern

Material:
12 breite, gebügelte Strohhalme, 16 cm lang
18 eingeweichte Binsen, 21 cm lang

Jeweils zwei helle, gebügelte Halme aufeinanderkleben und einen Sechserstern binden. Aus den Binsen drei Sechsersterne fertigen.
Zwei Binsensterne versetzt aufeinanderlegen und zu einem Stern sowie die restlichen beiden Sterne ebenfalls zu einem Stern verweben.
Die Halmenden spitz zuschneiden. Beide Sterne nun zu einem Stern verbinden.

Mittlerer Stern

Material:
6 breite, gebügelte Halme, 17 cm lang
21 eingeweichte Binsen, 15 cm lang

Jeweils zwei gebügelte Strohhalme aufeinanderkleben und zusammen mit drei Binsen zu einem Sechserstern binden. Aus den restlichen Binsen drei Sechsersterne fertigen und jeweils zwei Sterne versetzt aufeinanderlegen und verweben. Diese beiden entstandenen Sterne ebenfalls versetzt aufeinanderlegen und zu einem Stern binden.
Die Halmenden zuschneiden.

Unterer Stern

Material:
8 breite, gebügelte Strohhalme, 22 cm lang
12 eingeweichte Binsen, 19 cm lang

Jeweils zwei gebügelte Strohhalme so aufeinanderkleben, daß nur die glänzende Außenseite sichtbar ist und daraus einen Viererstern binden.
Aus den Binsen ebenfalls drei Viersterne arbeiten. Den Stern aus gebügelten Halmen mit einem Binsenstern sowie die beiden Binsensterne jeweils versetzt aufeinanderlegen und miteinander verweben. Diese beiden Sterne wieder miteinander verweben.
Die Halmenden zuschneiden.

Filigraner Sechserstern

Material:
6 mittlere, eingeweichte, gebleichte Halme, 9 cm lang; 3 dicke, eingeweichte, gebleichte Halme, 9 cm lang; 6 gebräunte, gebügelte Halme, 16 cm lang, 1,2 cm breit; 18 schmale Strohstreifen, jeweils 14, 12 und 10 cm lang;

Aus den sechs mittelstarken Halmen einen Sechserstern binden. Jeweils zwei gebügelte Halme aufeinanderkleben. Mit diesen gebügelten Halmen und den dicken, eingeweichten Halmen einen weiteren Sechserstern binden. Die Halmenden dieses Sterns spitz zuschneiden. Beide Sterne versetzt aufeinanderlegen und miteinander verweben. In die ungespitzten Halme jeweils drei unterschiedlich lange, in der Mitte geknickte Strohstreifen einstecken und fixieren.

Stern im Stern

Material:
8 gebügelte, braune Strohhalme, 11 cm lang
16 dünne, eingeweichte Strohhalme, 21 cm lang
Jeweils zwei der gebügelten Halme Rücken an Rücken aufeinanderkleben, spitz zuschneiden und einen Viererstern binden. Aus acht eingeweichten Halmen zwei Vierersterne binden. Mit den restlichen Halmen wird nur ein Viererstern gearbeitet, denn beim Binden werden jeweils zwei Halme parallel nebeneinander gelegt. Von diesen vier Sternen werden die beiden einfachen Vierersterne verwoben. Den braunen Stern mit dem restlichen Stern (parallele Halme) verweben. Diese beiden Sterne erneut versetzt aufeinanderlegen und verweben. Etwa 1 cm außerhalb des äußersten Fadenrings werden immer vier helle Halme zusammengebunden. Die Halme spreizen. Das Nachbarbündel ebenfalls spreizen. Von je zwei nebeneinanderliegenden Bündeln die äußeren (ergibt die kleineren Sternspitzen) bzw. die inneren (ergibt die größeren Sternspitzen) Halme zusammenbinden. Rundum fortsetzen.

Sterntrio

rechter Stern:
Material:
12 eingeweichte Naturstrohhalme, 22 cm lang
6 eingeweichte Naturstrohhalme, 5,5 cm lang
Alle zwölf Strohhalme parallel nebeneinanderlegen und in der Mitte, mit Daumen und Zeigefinger fest zusammenpressen. Mit einem starken Faden zusammenbinden. Jeweils vier Halme nach 2,5 cm wieder zusammenfassen und versetzt (2 x 2 Halme) nach 4 cm nochmals abbinden, dabei in die Mitte je einen 5,5 cm langen Strohhalm legen und mit einbinden. Die Sternspitzen schräg zuschneiden.

unterer Stern:
Material:
16 eingeweichte Naturstrohhalme, 22 cm lang
Die 16 Strohhalme parallel nebeneinanderlegen und in der Mitte, mit Daumen und Zeigefinger zusammenpressen. Mit einem starken Faden zusammenbinden. Jeweils vier Halme nach 1 cm wieder zusammenfassen und versetzt (2 x 2 Halme) nach 3,5 cm nochmals abbinden. Für die Spitzen versetzt je zwei Halme von nebeneinanderliegenden Gruppen nach 3,5 cm bzw. 5,5 cm zusammenbinden.

großer Stern:

Material:
20 eingeweichte Naturstrohhalme, 30 cm lang

Jeweils zehn Strohhalme parallel nebeneinanderlegen und in der Mitte, mit Daumen und Zeigefinger zusammenpressen. Mit einem starken Faden zusammenbinden. Beide Strohbündel fest zusammenknoten. Es können auch sämtliche zwanzig Halme auf einmal zusammengefaßt werden.
Nach 3,5 cm jeweils acht Halme abbinden (5 Gruppen). Nach Foto von jedem Bündel die beiden äußeren Halme (2 x 2 Halme) nach 4 cm versetzt zusammenbinden. Die vier mittleren Halme spreizen (2 x 2 Halme) und je zwei Halme zusammen mit zwei danebenliegenden Halmen zusammenfassen.

Plastischer Stern

Material:
für einen Einzelstern
6 gebleichte, eingeweichte, ganze Strohhalme, 20 cm lang, 12 gebleichte, gebügelte Strohhalme, 14 cm lang, 1,5 cm breit, 24 gebräunte, gebügelte Halme, 4,5 cm lang, 1,5 cm breit

Jeweils zwei der gebleichten, gebügelten Halme aufeinanderkleben. Aus diesen jetzt sechs Halmen und aus den eingeweichten Halmen jeweils einen Sechserstern binden. Beide Sterne werden versetzt aufeinander gelegt und mit einem starken Faden verwoben. Die Halmenden spitz zuschneiden (siehe Zeichnung S.67). Nun den Stern so drehen, daß sich die Seite mit dem gebügelten Stern oben befindet. Für den aufgeklebten, kleinen Stern jeweils zwei gebräunte gebügelte Halme aufeinanderkleben und auf einer Seite schräg abschneiden. Anschließend werden die Halmenden noch eingekerbt (siehe Zeichnung S.67). Die jetzt zwölf Halme an ihren Schmalseiten auf die Zwischenräume des gebügelten Sternes kleben. Die beiden anderen Sterne werden genauso gearbeitet und im Dreieck ineinandergesteckt und zusammengeklebt. Diese Sterne können auch einzeln aufgehängt werden

Websterne

Material oberer Stern:

24 gebleichte, eingeweichte Strohhalme, 20 cm lang

Grundstern:

2 x 6 Strohhalme miteinander verweben. Die Halmenden vom Rand der Webfläche aus gemessen nach 4 cm, 6 cm, (zweimal) 8 cm, 6 cm, 4 cm abschneiden. Jeweils zwei gleichlange Halmenden der Nachbararme zusammenbinden. Diese sechs Halme nach 1,5 cm bündeln (siehe Zeichnung). Alle vier Arme des Kreuzes so bearbeiten. Der zweite Stern wird ebenso gearbeitet. Beide Sterne versetzt aufeinander legen und mit einigen Stichen zusammennähen.

Material mittlerer Stern:

14 gebleichte, eingeweichte Halme, 20 cm lang; 40 gebleichte, eingeweichte Halme, 10 cm lang

Zunächst den Grundstern fertigen (s.o.). Beim zweiten Stern die beiden restlichen 20 cm langen Halme zu einem Kreuz binden. An diesem Kreuz, von der Mitte aus gesehen, je-

weils nach 2 cm, beidseitig an jedem Halm fünf kurze Halme (10 cm lang) anlegen und zu insgesamt vier Fächern à elf Halmenden binden. Jeden Fächer mit der Schere zur Spitze hin abschrägen. Beide Sterne versetzt aufeinander legen und an den Bindestellen der Fächer mit vier extra Fäden zusammenbinden.

Material unterer Stern:

20 gebleichte, eingeweichte Strohhalme, 20 cm lang; 4 gebleichte, eingeweichte Strohhalme, 10 cm lang; 4 gebleichte, gebügelte Strohhalme, 14 cm lang, 1,5 cm breit

2 x 10 Strohhalme miteinander verweben. (Variation des Grundsterns, s.o.)

Vom Rand der Webfläche aus gesehen nach 1,5 cm jeweils zehn Halme und den zusätzlich eingelegten kurzen Halm (10 cm) zu einem Fächer (elf Halmenden) binden. Von jedem Fächer den äußersten Halm an der linken und rechten Seite mit dem äußersten Halm der danebenliegenden Fächer zu insgesamt vier Spitzen zusammenbinden. Die verbleibenden neun Halme jedes Fächers mit der Schere abschrägen. Der zweite Stern besteht aus jeweils zwei aufeinandergeklebten, gebügelten Strohhalmen, die zu einem Kreuz gebunden werden. Beide Sterne aufeinandernähen.

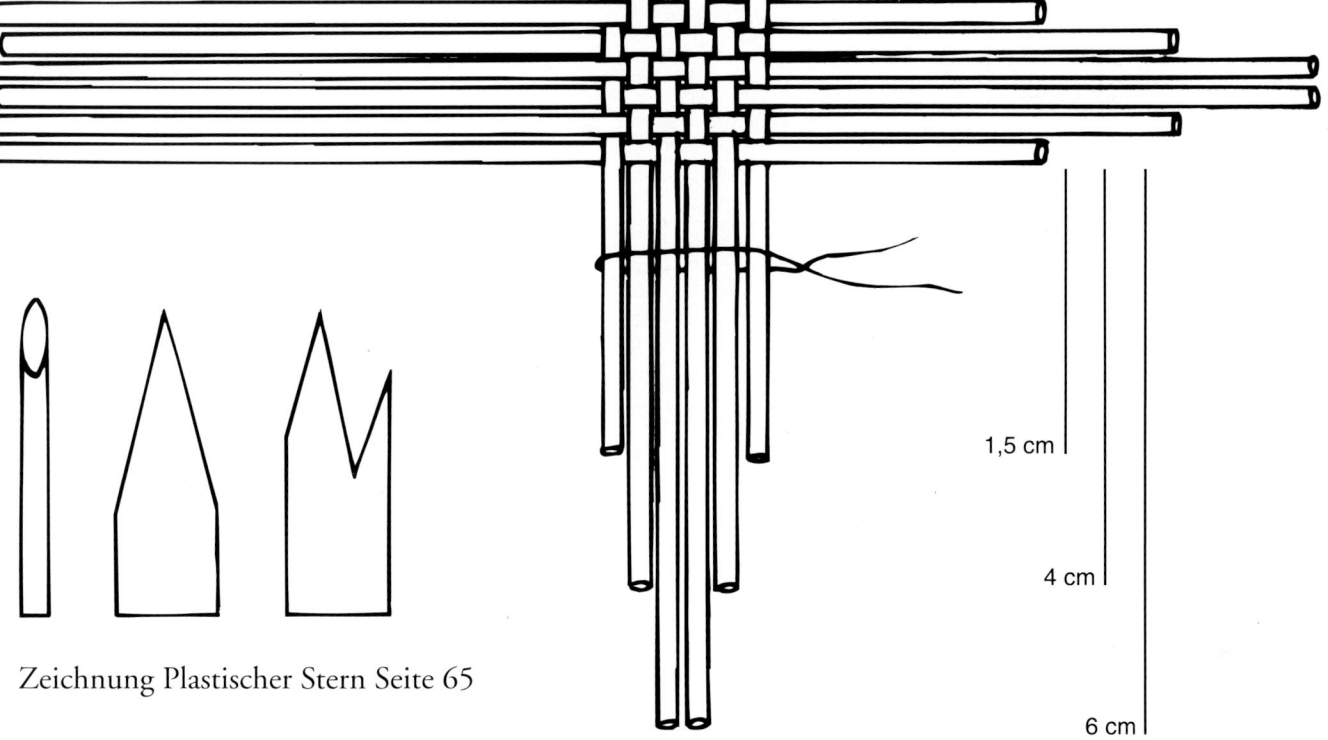

Zeichnung Plastischer Stern Seite 65

1,5 cm

4 cm

6 cm

Strohsonne

Material:
48 gebügelte Strohhalme, 21 cm lang, 1,4 cm breit; rote, gebügelte Strohstreifen, 2 mm breit
Kartonscheibe, Radius 5 cm

Die Kartonscheibe mit Bleistift und Geodreieck in zwölf gleich große Segmente unterteilen. Evtl. von der Vorlage abpausen. 24 gebügelte Strohhalme laut Zeichnung beidseitig spitz zuschneiden. Bei den restlichen hellen Strohhalmen jeweils ein Ende anspitzen, das andere abrunden. Zwölf der beidseitig spitz zugeschnittenen Halme mit der kürzeren Spitze auf die Kartonscheibe kleben. Anschließend von den roten Strohstreifen 5 cm lange Stücke abschneiden. Diese Streifen werden V-förmig zwischen den bereits aufgeklebten hellen Halmen fixiert. Nun können 3 cm lange, rote Streifenstücke so aufgeklebt werden, daß sie den Mittelpunkt des Sternes mit dem V-förmig aufgeklebten roten

Strohstreifen verbinden (gestrichelte Linie). In die roten V-Ausschnitte werden ringsum zwölf helle Halme geklebt, deren äußere Enden abgerundet sind. Auf diese hellen Halme werden jeweils zwei 10,7 cm lange, rote Strohstreifen zu einer Spitze zusammengeklebt. Die der Sternmitte zugewendeten Enden dieser Strohstreifen von hinten an die hellen Halme, die auf beiden Seiten spitz zugeschnitten sind, ankleben. Die Rückseite ebenso gestalten.

Sternquadrat für Fortgeschrittene

Material:

Mittelstern:

8 gebügelte Strohhalme, 14 cm lang, 1,4 cm breit
8 eingeweichte Strohhalme, 21 cm lang
4 Innensterne: viermal 8 gebügelte Strohhalme,
11 cm lang, 1 cm breit; viermal 8 gebügelte Strohhalme, 14 cm lang, 0,4 cm breit; viermal 4 ganze,
eingeweichte Strohhalme, 21 cm lang
4 Fächer: viermal 13 dünne, eingeweichte Strohhalme, 11 cm lang; 2 mittlere, eingeweichte Strohhalme, 21 cm lang

Mittelstern: Jeweils zwei der gebügelten Strohhalme
Rücken an Rücken aufeinanderkleben und wie auf
der Vorlage spitz zuschneiden. Anschließend werden
die jetzt vier Halme versetzt aufeinandergelegt und
zu einem Viererstern gebunden. Aus den vier ganzen
Strohhalmen einen weiteren Viererstern binden.
Beide Sterne versetzt aufeinanderlegen und miteinander verweben. Auf jedes zweite Halmende der
ganzen Halme wird ein weiterer ganzer Halm auf-
gesteckt und fixiert.

Innenstern: Jeweils zwei gebügelte Strohhalme aufeinanderkleben, spitz zuschneiden und zu einem
Viererstern binden. Aus den ganzen Halmen (21 cm
lang) einen weiteren Viererstern binden. Beide Sterne
versetzt aufeinanderlegen und verweben. Aus den
schmalen Strohstreifen (14 cm lang) mit ab-
geschrägten Enden werden zwei Viererstern gebunden, die anschließend ebenfalls miteinander
verwoben werden. Beide Viererstern versetzt miteinander verweben.

Fächer: Jeder Fächer besteht aus 13 dünnen, pa-
rallelliegenden Strohhalmen, die sich zwischen zwei
21 cm langen, mittleren Halmen befinden.
Die Bindestelle der Fächer liegt 3 cm von den
Halmenden entfernt.

Ganzer Stern: Auf die vier kurzen, runden Halme
des Mittelsternes die vier Innensterne stecken und
mit Klebstoff fixieren. Auf die vier langen Halme
wird jeweils der mittlere Halm eines Fächers gesteckt
und fixiert. Die langen Halme des Fächers werden
ebenfalls ineinandergesteckt und zusammengeklebt.

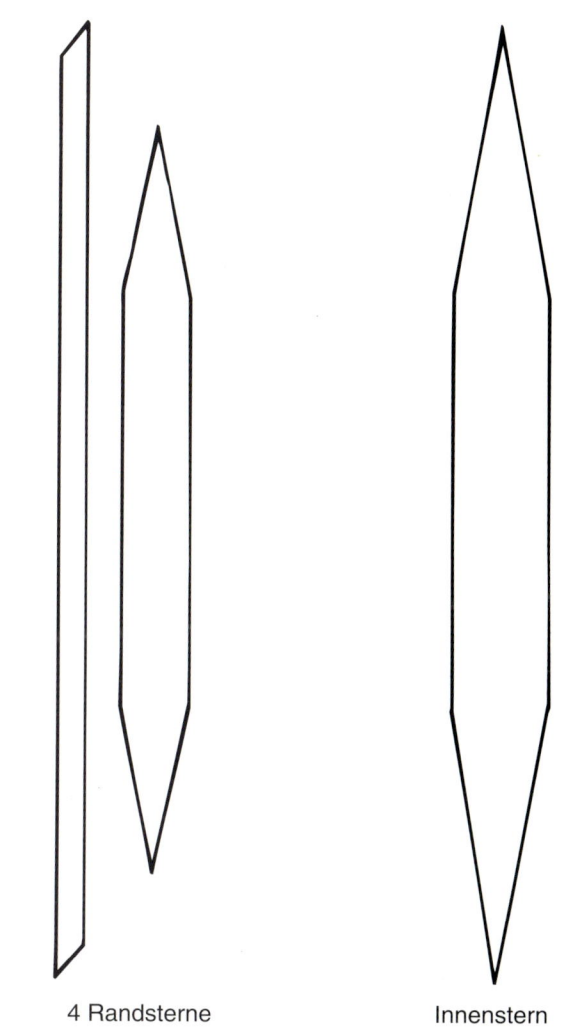

4 Randsterne   Innenstern

Ährensonne

Material:
21 gebleichte, eingeweichte Strohhalme, 13 cm lang
42 Rauchweizenähren
naturfarbener Bast
Zwirn

Alle Strohhalme werden parallel nebeneinandergelegt und in der Mitte zwischen Daumen und Zeigefinger fest zusammengepreßt. Genau an dieser Stelle mit Zwirn abbinden. Von der Mitte aus in 4,5 cm Entfernung den Bast an einem Halm einhängen (beide Bastenden sollen gleich lang sein). Die beiden Bastenden werden im Wechsel reihum über bzw. unter den folgenden Halm gelegt. Ist der Kreis geschlossen und die Enden verknotet, dienen die Bastenden als Aufhängung. Abschließend in die Halmenden die Rauchweizenähren einkleben. (Stiele der Ähren ca. 3 cm lang).

FLORISTIK

Laßt uns einen frohen Tanz im Reigen dreh'n
und laßt uns Kränze winden, Kronen flechten
für den Reigen!
Hei hopp! Ein fröhlicher Tanz!
Hei hopp! Mit Krone und Kranz der Reigen!

aus Schweden

Der Duft von frischem Grün darf im Dezember nicht fehlen. Er erfüllt viele Räume. Der Adventskranz und der Weihnachtsbaum stehen dabei in der Beliebtheit ganz vorne.

Aber die moderne Floristik ist wesentlich vielseitiger, und so ist im Fachhandel eine Vielfalt an Materialien, wie Kerzen und Dekorationsgegenstände, erhältlich. Dieses Angebot und die persönliche Kreativität des Einzelnen fördern ungewöhnliche und traditionelle Ergebnisse zutage.

Der traditionelle Kranz wird hier in drei Ausführungen gearbeitet. Die Türkränze und der Hängekranz eignen sich auch, zusätzlich mit Kerzen ausgestattet, als Adventskränze.

Die Dekorationen umfassen eine Fenstergirlande, Tischdekorationen, hängende Raumdekorationen und ein kleines Gebinde, das überall Verwendung finden kann, auch als Geschenkverzierung.

Ein weiteres Kapitel ist noch einmal dem Thema Weihnachtskarten gewidmet. Dabei fallen die Karten nun sehr plastisch aus.

Wenn sie mit der Post verschickt werden sollen, ist eine feste Verpackung nötig. Je nach Geschmack können die Karten mit dezentem Material festlich gestaltet werden, z.B. Grüße in Gold. Oder fröhlich mit Dekorationsgegenständen wie einem Nikolaus z.B. verschneiter Weihnachtswald.

Gerade beim Thema Floristik sollen die gezeigten Modelle Anregung sein für eigene Ideen. Es ist nicht erforderlich, exakt die angegebenen Materialien zu verwenden. Die ersten eigenen Arbeiten werden Sie sicher ermutigen, eigene Kreationen zu versuchen.

TÜRKRÄNZE

Türkränze sollen in einer leichten Ausführung gearbeitet werden.

Es ist deshalb empfehlenswert, einen Drahtreif zu verwenden und diesen mit grünen Zweigresten fest zu umbinden. So entsteht ein Wulst, auf dem gut mit büschelweise angefaßtem Grün gebunden werden kann. Der Bindeanfang ist links, gebunden wird entgegen der Uhrzeigerrichtung, das Material im fertigen Kranz ist dann im Uhrzeigersinn angeordnet. Der Anfang bzw. das Ende des Kranzes wird bei etwas mißglücktem Abschluß mit Dekoration verdeckt, dazu ist das Anbringen des Aufhängebandes eine Möglichkeit. Die Anordnung eines Türkranzes ist in der Regel symmetrisch, damit nicht der Eindruck des "Schiefhängens" entsteht. Leichte und nicht nadelnde Grünarten wie Buchs, Zypresse oder Eibe finden vorzugsweise Verwendung. Die Grünzweige werden in kleinen Büscheln und in einem gleichmäßigen Verlauf nur auf der Vorderseite aufgebunden. Die Befestigung an der Tür kann mit einem Schmuckband, das bei Holztüren mit Reißnägeln befestigt wird, erfolgen. Der Kranz sollte in der oberen Hälfte und hier in der Mitte der Tür hängen.

Material:
Der Drahtreif kann entweder aus starkem Draht in der gewünschten Größe selbst geformt, oder auch im Fachhandel fertig gekauft werden, er dient als Unterlage für die gebundenen Kränze. Mit Moos, Gras- oder Strohresten umwickelt, erhält er einen kompakten Wulst und hält das aufgebundene oder aufgesteckte Material fest.

Der Wickeldraht ist ein dünner Weichdraht zum Binden der Kränze. Mit ihm kann auch empfindliches Material angedrahtet werden. Im Fachhandel ist er noch unter der Bezeichnung Binde- oder Blumendraht bekannt.

Der Steckdraht dient zum Andrahten von Materialien, die büschelweise verarbeitet werden müssen. Es ist ein stärkerer, jedoch weicher Eisendraht. Nach dem Andrahten der Materialien dienen die Drahtenden zum Einstecken in die Unterlage.

Bei größeren Kränzen und schwerem Material ist es sinnvoll, den Draht durch die Unterlage hindurchzustechen und zur besseren Verankerung die Drahtenden in den Kranz zurückzubiegen.

Es ist zu empfehlen, die Drahtenden an den Büscheln vor dem Einstecken in die Unterlage auf die notwendige Länge zu kürzen.

Die wichtigsten Werkzeuge für den Floristen sind das Messer und die Rebschere.

Als zusätzliche Hilfe dienen eine Haushaltsschere für feinere Schnittarbeiten, und eine Drahtschere.

Türkranz

Material:
Wacholdergrün
Nobilistannenzweige
Zypressenzweige
Buchszweige
Blauzederwacholderzweige
Dekohagebutten
vergoldete Kiefernzapfen
goldfarbene Dekoblätter
Dekoglocke, goldfarbener Wuscheldraht
3 Schleifen aus je 0,80 m rot-goldenem Band
Aufhängung 0,60 m Band
Drahtreif
18 cm Ø Wickeldraht

Auf den Drahtreif mit Wickeldraht und Grünresten einen Wulst binden. Darauf im Wechsel die verschiedenen Grünarten büschelweise anordnen und aufbinden.

Nun den Kranz reichlich mit Dekoblättern, Hagebutten und Zapfen schmücken. Gegenüber der Aufhängung zwei Schleifen und an der Aufhängung eine Schleife einstecken. Die Dekoglocke an der Aufhängung festbinden und die beiden Wuscheldrahtbüschel festkleben.

Duftiger Hängekranz

Material:
Weidenkranz, 35 cm Ø
Zypressen- oder Thujagrün
vergoldete Spitzahornblätter
Kiefernzapfen, Hortensienblüten
Glaskugeln in verschiedenen Größen
Glasglocken, 4 weiße Stumpenkerzen, angedrahtet

Mit einem Ende den Weidenkranz umbinden und verknoten. Das andere Ende des Bandes auf der gegenüberliegenden Seite des Kranzes befestigen. Diesen Vorgang wiederholen so daß der Kranz in gleichgroße Viertel geteilt wird. Aus je 1 m Band vier Schleifen fertigen und an den Bindestellen der Aufhängebänder am Kranz befestigen. Vom restlichen Band eine weitere Schleife binden und am Deckenhaken anbringen. Nun die Kerzen in den entstandenen Freiräumen zwischen den Bändern ein-

stecken. Nun folgt die Anordnung der Zweige, die immer in einer Richtung aufgeklebt werden.
Die Ausschmückung mit Glaskugeln, Glocken, Zapfen und Hortensien kann nun in ungezwungener Anordnung erfolgen.

Türkranz in Rot-Grün

Material:
Drahtreif, verschiedenes Koniferengrün
Buchs, angedrahtete Lärchenzapfen
rote Karton- oder Holzherzen mit rotem Faden
3 Schleifen aus rotem Band, je 70 cm lang
Aufhängeband: 0,60 cm lang, Hortensienblüten,
Wickeldraht, Mooshaften

Mit grünen Zweigresten und Wickeldraht einen Wulst auf den Drahtreif binden. Anschließend die verschiedenen Grünarten büschelweise zusammen

mit Buchssträußchen kompakt auf den Wulst bin-
den. Das Aufhängeband zusammen mit einer
Schleife befestigen und beidseitig je eine Gruppe
Lärchenzapfen arrangieren. Gegenüber der Schleife

mit Mooshaften die Sterne einstecken und die leicht
vergoldeten Hortensienblüten festkleben. Abschließend noch die beiden restlichen Schleifen anbringen.

DEKORATIONEN

Weihnachtlicher Korb

Material:
Thujagrün
Kugelfichtenzweige
länglicher Henkelkorb
Steckschaum
2 rosa Kerzen, rosa Seidenblumen und -blätter
rosa Lurexband
4 rosa Glaskugeln

In den Korb den Steckschaum einpassen. Die beiden Kerzen im Vordergrund arrangieren (Abstand zu dem Henkel beachten). Den Steckschaum mit den in Gruppen angeordneten grünen Zweigen abdecken.
Das rosa Lurexband mit Draht fixieren und großzügig um die grünen Zweige drapieren. Die Sei-

denblumen samt Blättern in Gruppen arrangieren und abschließend die Glaskugeln einstecken.

Festlicher Weihnachtsschmuck

Material:
Eibenzweige, Kugelfichtenzweige
hellrote Seidenrosen, Seidenblätter
weißer Seidenstoff
grüner Terrakottatopf
Steckschaum
2 Schleifen aus je 0,70 cm hellrotem Band

Den Steckschaum leicht hügelförmig in den Topf einpassen. In der Mitte die Eibenzweige und beidseitig die Kugelfichtenzweige kompakt einstecken. Die Seidenrosen gruppieren und am Rand die Blätter einfügen. Den weißen Seidenstoff locker zwischen den Grünzweigen durchschlingen. Abschließend die beiden Schleifen einstecken.

Weißer Weihnachtsbogen

Material:
Clematislianen, silberfarben besprüht, schmales Silberband, Aufhängung: 1 m
4 Schleifen: je 1,50 m
Blauzederwacholderzweige, weiße Glas- und Holzanhänger, 5 angedrahtete Päckchen, weiße Dekoglöckchen, Silberspray

Aus den Clematislianen einen leichten Bogen legen und beidseitig mit je zwei Schleifen fixieren. Das Aufhängeband an den Schleifen anknüpfen.
Über die Blauzederwacholderzweige einen Hauch Silber sprühen und kleine Zweigchen an den Lianenbogen kleben. Die Holz und Glasanhänger an Bogen und Aufhängung anbringen. Auf dem Bogen Päckchen und Glasengel in ungezwungener Anordnung aufkleben.

Fenstergirlande

Material:
Kordel, Wickeldraht, Koniferengrün
12 weiße Glimmersternchen, 5 rote Schleifen
7 Sternchen aus Stroh, 12 Schwarzkiefernzapfen,
angedrahtet, 1,5 m lange Silberschmuckkordel

Die Länge der Fenstergirlande richtet sich nach Ihrer
Fenstergröße. Das Grün wird in gleichmäßigen Bü-
scheln mit Wickeldraht an der Kordel fixiert, mit
Silberband umwickelt und mit den Zapfen und
Schleifen dekoriert.

Kleines Gebinde

Material:
Glockenförmige Styroporunterlage, Seidenkiefernzweige, 6 goldfarbene Glaskugeln an verschieden langen Goldbändern, Goldsternchen, 5 kleine, vergoldete Zapfen, Goldspray, Goldband für Aufhängung und Schleife, 1,20 m lang

Das Aufhängeband zusammen mit der Schleife festkleben. Die Seidenkiefernzweige parallel zur Form festkleben und zusätzlich mit kurzen Drahtstücken fixieren.
Die Glaskugeln in zwei Gruppen feststecken und die Zäpfchen und Goldsternchen aufkleben. Mit einem Hauch Goldspray übersprühen.

Festliches Adventsgeschenk

Material:
weiße, längliche Keramikschale
Steckschaum, Wasser
Nobilistannenzweige
kleine Silberzypressenzweige
7 rosa Glaskugeln
4 bordeauxfarbene Stabkerzen
silberfarbenes Schleierkraut
5 Schleifen aus je 80 cm bordeauxfarbenem Band
bordeauxfarbene Protea

Den Steckschaum leicht hügelförmig in die Schale einpassen und Wasser eingießen.
Mit gleichmäßigen Nobilistannenzweigen, die rundum eingesteckt werden, beginnen.
Die vier angedrahteten Stabkerzen anordnen und eine reizvolle Dekoration aus Glaskugeln, Schleifen und Schleierkraut anfertigen.

Glockenbogen

Material:
Drahtreif als Halbkreis, 40 cm Ø
Wickeldraht
gelber Strauchwacholder
Buchsbaumzweige
4 Glasglocken
weiße Watte
Goldsternchen
Sprühkleber,
Aufhängung mit Schleife: 1 m langes, weiß-goldenes Band

Auf den Drahtreif einen Wulst und darauf rundum die Wacholder- und Buchszweige von links nach rechts binden. Das Aufhängeband befestigen. Die Glasglocken mit kurzen Drahtstücken fixieren. Die kleinen Wattewolken mit Goldsternchen schmükken.

KARTEN

Tisch- und Grußkarte in Violett

Material:
Tischkarte: 9 x 7 cm/Folie 4 x 2 cm
Karte: 14,5 x 21 cm, in der Mitte gefaltet
Fenstergröße: 7 x 8,5 cm
rosa Folie 8 cm x 10 cm; Blauzederwacholderzweige
Dekoengel, kleine Dekobeeren, 9 cm weiße Spitze
silberfarbenes Schleierkraut
3 Schleifen und Aufhängung, 12 cm lang aus feinem
Satinband; Klebstoff oder Klebepistole

Die Karte öffnen und an der Innenseite des Fensters rosa Metallfolie festkleben. Karte wieder schließen und die restliche Dekoration von außen anbringen. An der Oberseite des Fensters die Spitze zusammen mit zwei kleinen Schleifen und dem 12 cm langen Aufhängeband anbringen. Gegenüberliegend eine etwas größere Schleife befestigen.

Den Engel aufkleben und davor sehr kleine Blauzederwacholderzweige, Schleierkraut und die Dekofrüchte arrangieren. Die Folie auf die Tischkarte kleben und links ein kleines Arrangement befestigen. Die Schrift anbringen.

Verschneiter Weihnachtswald

Material:
Karte: 31 x 21,5 cm, gefaltet
Fensterausschnitt: 15,5 x 11,5 cm
Blauzederwacholderzweige
rote Dekobeeren
weiße Watte
Goldpuder
Weihnachtsmann
roter Dekostern, goldfarbenes Päckchen
Klebstoff oder Klebepistole
Goldsterne

Beidseitig am Fensterrand die Grünzweige befestigen. Eine weitere kleine Gruppe am unteren
Rand anordnen. Die vier Wattepolster ankleben und
die Wolken mit Goldsternchen schmücken. Das
Päckchen, den roten Stern und den Weihnachtsmann anbringen und die Karte mit Goldpuder bestäuben.

Wintergrüße

Material:
goldfarbene Karte: 14,5 x 21 cm, gefaltet
Fenster: 7 x 9 cm
Koniferengrün
vergoldete Erlenzapfen
Goldbouillondraht
Blätter, unterschiedlich groß
Tischkarte: 14,5 x 10,5 cm

An der Fensterinnenwand die vier Blätter in
Zweiergruppen und unterschiedlich hoch anordnen.
Koniferengrün hinter den Blättern senkrecht arrangieren und die Erlenzapfen in der Mitte fixieren.
Drei Bouillondrähte zwischen den Zapfen anbringen
und beidseitig an den Fensterinnenwänden festkleben.
Auf der Tischkarte ein kleines Arrangement befestigen.

Grüße in Gold

Material:
Karte: 21 cm x 14,5 cm, in der Mitte gefaltet
Tischkarte: 14,5 x 10 cm,
Goldsterne
Kugelfichtenzweige
goldfarbener Dekostoff
2 Schleifen aus goldfarbenem Band, je 30 cm lang
Goldpuder, Klebstoff oder Klebepistole
Abreibebuchstaben in Gold oder Goldstift

Für die Tischkarte die Grünzweige straußartig anordnen, so daß die Zweige links mit einer aufgeklebten Schleife zusammengefaßt werden. Daneben den Namen entweder mit Abreibebuchstaben oder mit Goldstift anbringen. Drei kleine Metallsterne im Halbkreis aufkleben und an der Oberseite dezent mit Goldpuder bestäuben.

In der Fensteröffnung der Weihnachtskarte leicht zerknüllt den Goldstoff festkleben. Gegenüberliegend, jedoch an der Außenseite, ein kleines Grünsträußchen mit einer Schleife anordnen. Die Karte noch mit Goldsternen und Goldpuder verzieren.

Grüße in der Adventszeit

Material:
weiße Tischkarte: 14,5 x 10,5 cm
goldfarbene Karte: 14,5 x 21 cm, gefaltet
Dekobeeren in Rot, kleine, goldfarbene Schleife
halbiertes Körbchen, 9 cm weiße Spitze

Die Tischkarte in einer waagerechten Linie bekleben. Die Klappkarte öffnen und die Borte an der Fensterinnenseite fixieren. Karte zuklappen, das Körbchen aufkleben und mit Grün, Dekobeeren und der Schleife schmücken.

Morgen Kinder wird's was geben,
morgen werden wir uns freuen!
Welch ein Jubel, welch ein Leben
wird in unserm Hause sein!
Einmal werden wir noch wach,
heißa, dann ist Weihnachtstag!

Spätestens ab dem ersten Dezember fiebert jedes Kind dem Heiligen Abend entgegen, und auch die Erwachsenen freuen sich auf diesen besonderen Tag. Adventskalender helfen nun groß und klein, diese Zeit zu verschönern. An jedem Morgen des Dezember wartet eine kleine Überraschung und die Vorfreude und die Spannung steigen dadurch täglich. Die Geschenke sollten aber unbedingt auf den Besitzer des Adventskalenders abgestimmt sein. Da nur sehr kleine Dinge Platz finden, eignen sich neben Gegenständen oder Süßigkeiten auch Gutscheine sehr gut als Geschenk.

Adventskalender lassen sich keinem bestimmten Material zuordnen. Mit Phantasie und Geschick können viele Werkstoffe einbezogen werden.

Beim ersten hier vorgestellten Modell spielen Wolle und Rupfen die Hauptrollen. Viele kleine gestrickte Stiefelchen marschieren hier in Siebenmeilenschritten Tag für Tag auf den 24.12. zu. Beim Adventsballon wird in erster Linie mit Makrameegarn gearbeitet, das durch Makrameeknoten um einen Luftballon geknüpft wird. Das Knüpfen der Knoten wird ausführlich erklärt. Im dritten Beispiel steht Filz im Mittelpunkt. Hier wandert der Nikolaus durch den verschneiten Wald und täglich öffnet sich eine kleine Tanne. Der Adventszweig ist natürlich aus Holz - geschmückt mit Päckchen aus Stoff. Ebensogut wären Adventskalender aus bearbeitetem Holz und Tonkarton, ausgeschmückt mit Stroh oder floristischem Material, denkbar - aber 24 Päckchen müssen es in jedem Fall sein.

Tag für Tag ein Stiefelchen

Material:

Rupfen, 27 cm x 58 cm, zweimal; Bortenrest, 2 cm breit, 40 cm lang; Angorawolle in Weiß, bunte Wollreste, kurze Spielstricknadeln, 2,5 - 3 mm, 15 cm lang; Häkelnadel, 2,5 mm, 12 silberne Häckchen Holzstab, 30 cm lang, goldfarbene Kordel, ca. 40 cm lang.

Mit Angorawolle 30 Maschen verteilt auf vier Nadeln anschlagen und 12 Runden kraus rechts stricken. Dann mit einem Wollrest 10 Runden glatt rechts stricken. Für die Ferse die Hälfte der Anschlagmaschen 8 Reihen hoch stricken und anschließend das dreiteilige Käppchen arbeiten. Danach die Maschen wieder auf die Nadel auffassen, und um auf die alte Maschenzahl zu kommen evtl. Maschen am Spickel abnehmen. Nun noch 12 Runden glatt rechts stricken. Für die vordere Spitze auf jeder Nadel je 1 Masche abnehmen bis noch 8 Maschen übrig bleiben.

Mit dem Endfaden zusammenziehen, Faden vernähen. Den Stiefelschaft nach außen schlagen und mit Angorawolle ca. 15 Luftmaschen häkeln und als Aufhänger befestigen. Für den Untergrund den Rupfen zweimal auf 27 cm x 58 cm zuschneiden und mit einer Nahtzugabe von ca. 1,5 cm zusammennähen, dabei an der oberen Schmalseite offen lassen, wenden. Die vier Schlaufen, die je 10 cm lang sind, in gleichmäßigem Abstand 1 cm tief in den Einschub stecken und beim Zusammennähen des Rupfens die Schlaufen gleich mitbefestigen. Den Rupfenbehang glattbügeln. Zum Schluß die Haken auf den Grund aufnähen, Stiefelchen mit Überraschungen füllen und einhängen.

Ein Wald voller Päckchen

Material:

Starke Pappe oder Sperrholzplatte (51 cm x 41 cm) Filz in verschiedenen Farben
Textilklebstoff, Papierklebstoff, Schere, Bleistift, Lineal, Selbstklebezahlen 1 - 24, Butterbrotpapier und Kartonreste für Schablonen
Die weiße Filzfläche (gestrichelte Linie) sollte ringsum jeweils 2 cm breiter ausgeschnitten werden, d. h. 55 cm x 45 cm. Auf diesem Rand den Textilkleber dünn auftragen und die etwas kleinere Pappe oder die Sperrholzplatte auf die Rückseite des Filzes legen. Die 2 cm breiten Filzränder umklappen und auf der Pappe bzw. der Sperrholzplatte fixieren. Nun kann auf dem weißen Untergrund der Himmel und der Umriß der Hügelkette (durchgezogene Linie) ebenfalls befestigt werden. Dazu Schablonen herstellen. Auch hier an den Außenseiten jeweils 2 cm mehr ausschneiden, denn der schmale Randstreifen wird ebenfalls nach hinten geklappt und am Sperrholz bzw. der Pappe fixiert.
Von allen Teilen des Weihnachtsmannes, vom Schlitten, vom Mond, vom Stern sowie von den Tieren Schablonen anfertigen. Die Umrisse der Schablonen auf Filz übertragen und ausschneiden. Nun wird der Weihnachtsmann zusammengeklebt und mit dem Schlitten auf der Schneefläche fixiert. Fuchs und Hasen sowie Mond und Sterne ebenfalls ankleben. Jedes Päckchen verkörpert ein Tannen-

bäumchen und entsteht aus einer Kreisscheibe aus Filz, die mit der Zackenschere ausgeschnitten wird. Als Schablone dient eine Kreisscheibe aus Karton mit dem Radius 7,8 cm.

Die gefüllten Bäumchen mit einem farblich passenden Zwirn zubinden und auf dem Adventskalender verteilen. Dort, wo später ein Säck-

chen befestigt werden soll, wird ein kleiner Metall- oder Kunststoffring aufgenäht. Die Päckchen können auch mit doppelseitigem Klebeband angebracht werden. Jedoch kann dann der Kalender beim Abnehmen der Päckchen beschädigt werden. Die Aufhängebänder von hinten festkleben.
Siehe Vorlagenbogen

Der Adventsballon

Material:
roter Luftballon, Goldsterne, weißes Makrameegarn:
4 Fäden à 2,50 m
4 Fäden à 2,00 m
4 Fäden à 5,00 m
Weidenkorb
Weihnachtsmann, 24 Päckchen mit Aufhängefäden
Holzring, 5 cm ø

Die 2,50 m langen Fäden durch den Holzring ziehen und in der Mitte der Fäden mit einem Überhandknoten fixieren. Nach ca. 15 cm jeweils 2 Fäden mit einem Überhandknoten zusammenfassen. Den Luftballon vorsichtig einpassen (es sollte jemand halten) und versetzt jeweils mit 2 Fäden den Luftballon einknüpfen. Fadenenden an der Unterseite des Luftballons fest zusammenknoten. Den Ballon

mit aufgeklebten Goldsternen schmücken. Wie abgebildet jeweils an einem Überhandknoten einen 2 m und 5 m langen Faden einhängen und mit den langen Fäden über die kurzen Fäden Weberknoten knüpfen. Die Fadenenden am oberen Rand des Korbes mit der Schere durchziehen und zusammenknoten. Sollte der Rand zu fest sein, kann der Korb auch mit versetzten Weberknoten eingeknüpft werden. Den Weihnachtsmann im Korb plazieren und rundum die Päckchen festbinden.

Überhandknoten

Weberknoten

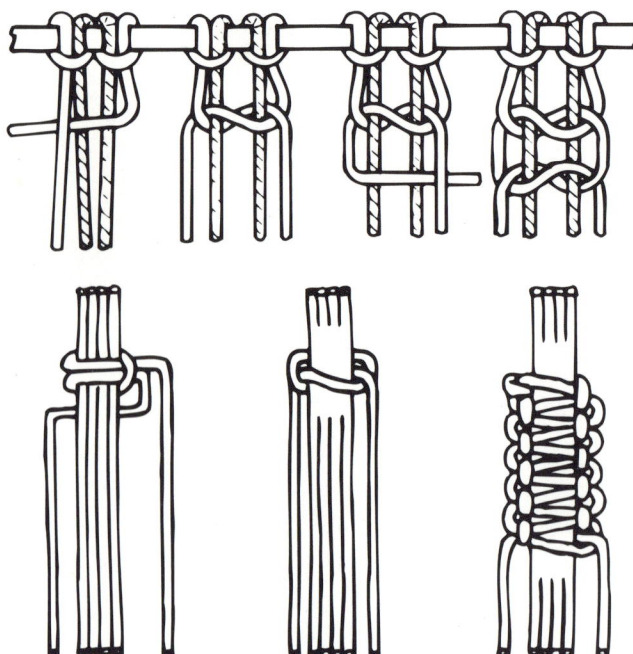

Adventszweig

Material:
Zweig, Feenhaar, weiß-goldene Schleifen aus Ziehband, rosafarbene Äpfel in unterschiedlichen Größen 24 Säckchen aus rosa Nickistoff, Goldsternchen Goldfaden und goldfarbenes Papierband

Nach der Vorlage die 24 Säckchen nähen, mit kleinen Geschenken füllen und mit dem Papierband zubinden, das über die Schere gezogen wird, damit es sich kringelt. Den Zweig aufhängen, mit Feenhaar, Schleifen, in verschiedenen Größen gruppierten

Äpfeln und den an Goldfäden befestigten Säckchen
schmücken. Auf die Säckchen können noch Zahlen
oder kleine Goldsternchen befestigt werden.

Das Stoffrechteck entlang der Strichpunktlinie nach vorne umklappen

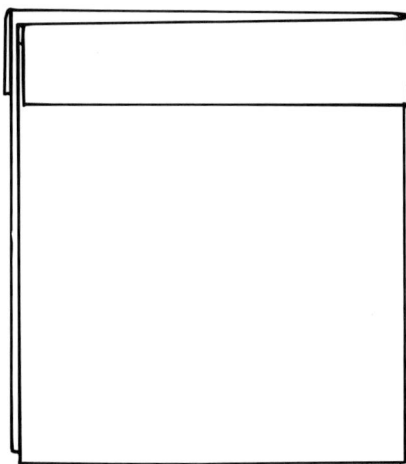

Das Rechteck an der punktierten Linie umklappen

Das Säckchen entlang der gestrichelten Linie zusammennähen. Abschließend das Säckchen wenden.

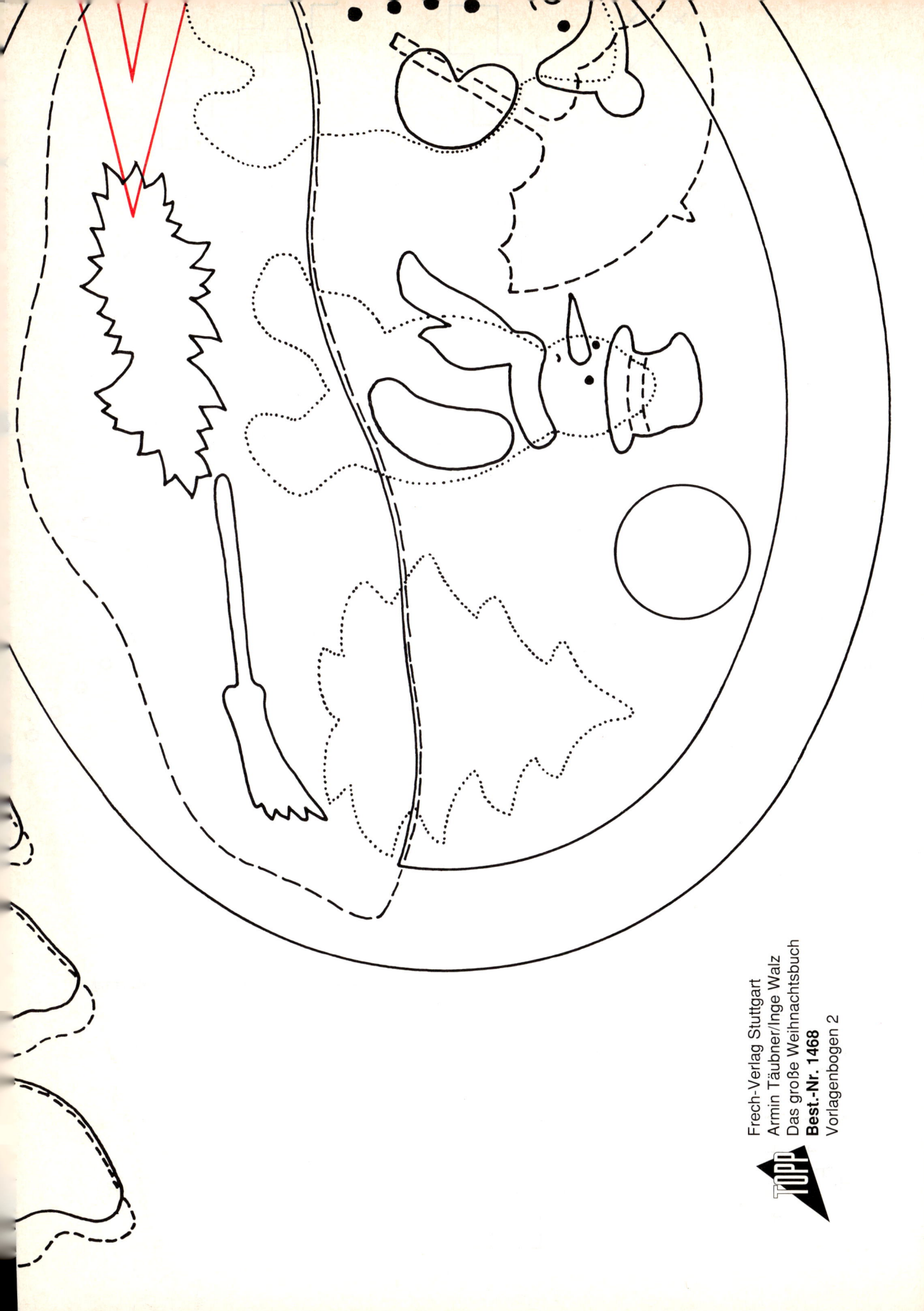

Frech-Verlag Stuttgart
Armin Täubner/Inge Walz
Das große Weihnachtsbuch
Best.-Nr. 1468
Vorlagenbogen 2

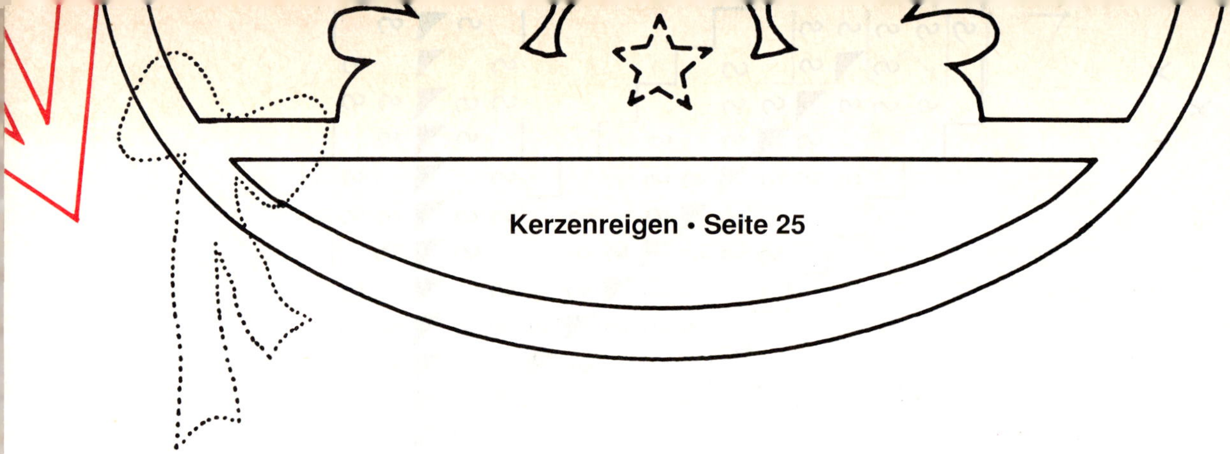

Kerzenreigen · Seite 25

Wie schön wär's jetzt am Nordpol · Seite 11

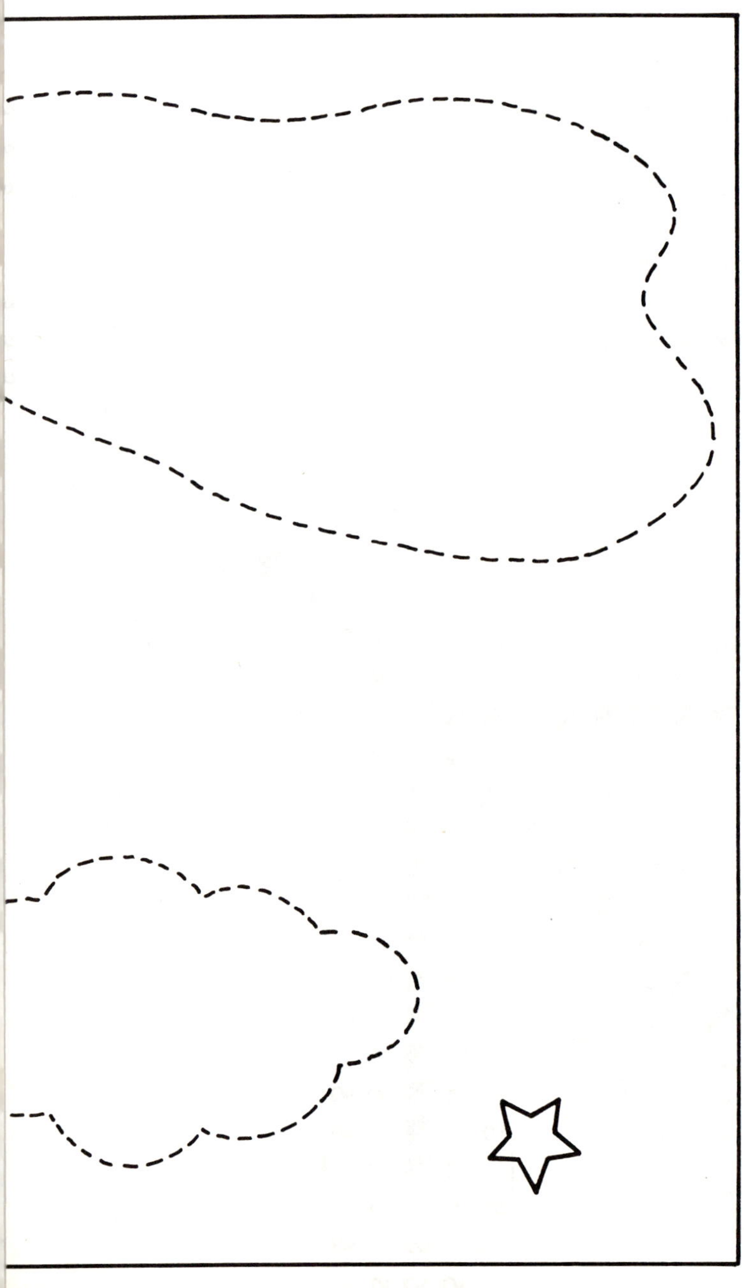

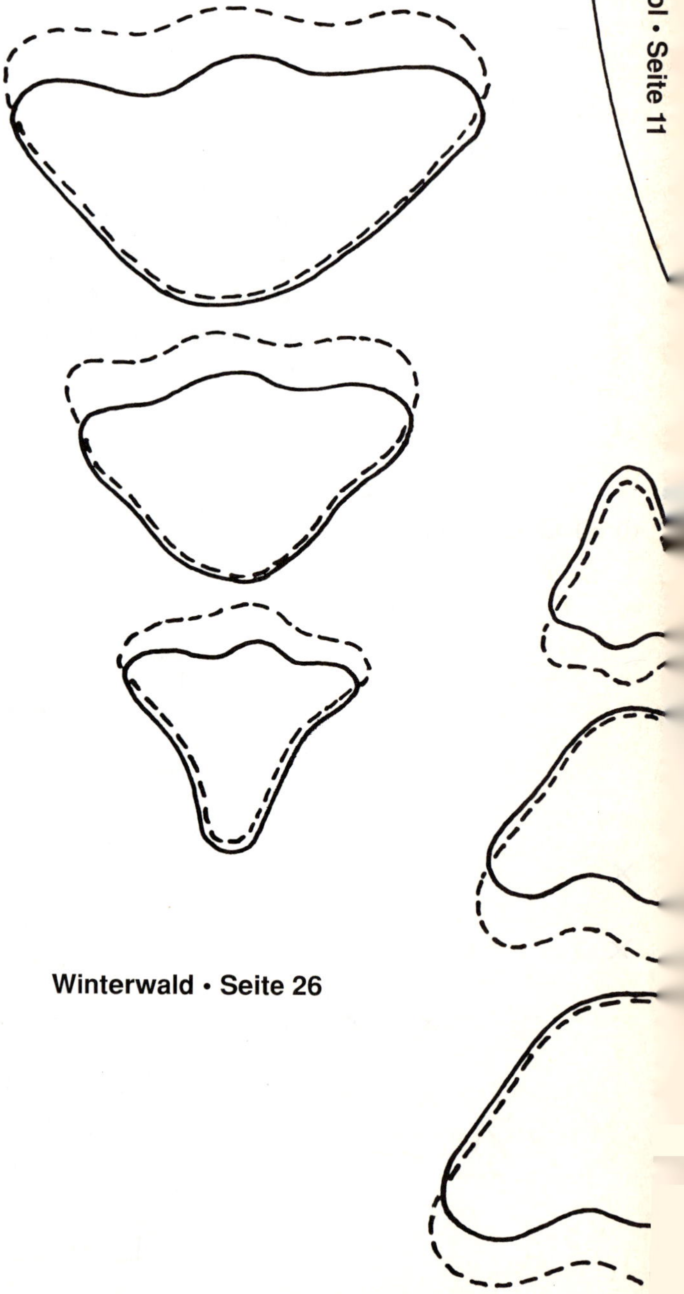

Winterwald · Seite 26

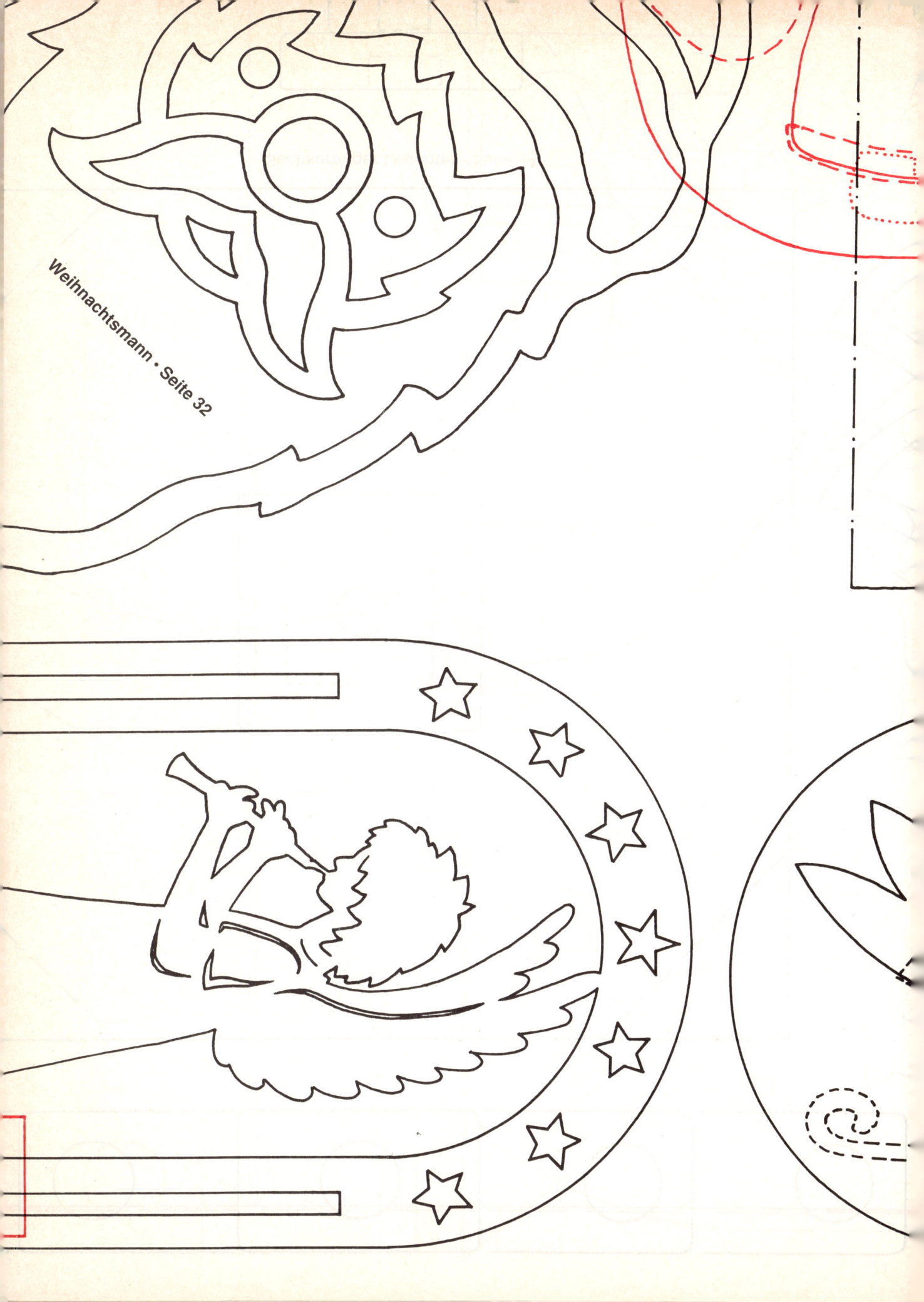

Weihnachtsmann · Seite 32

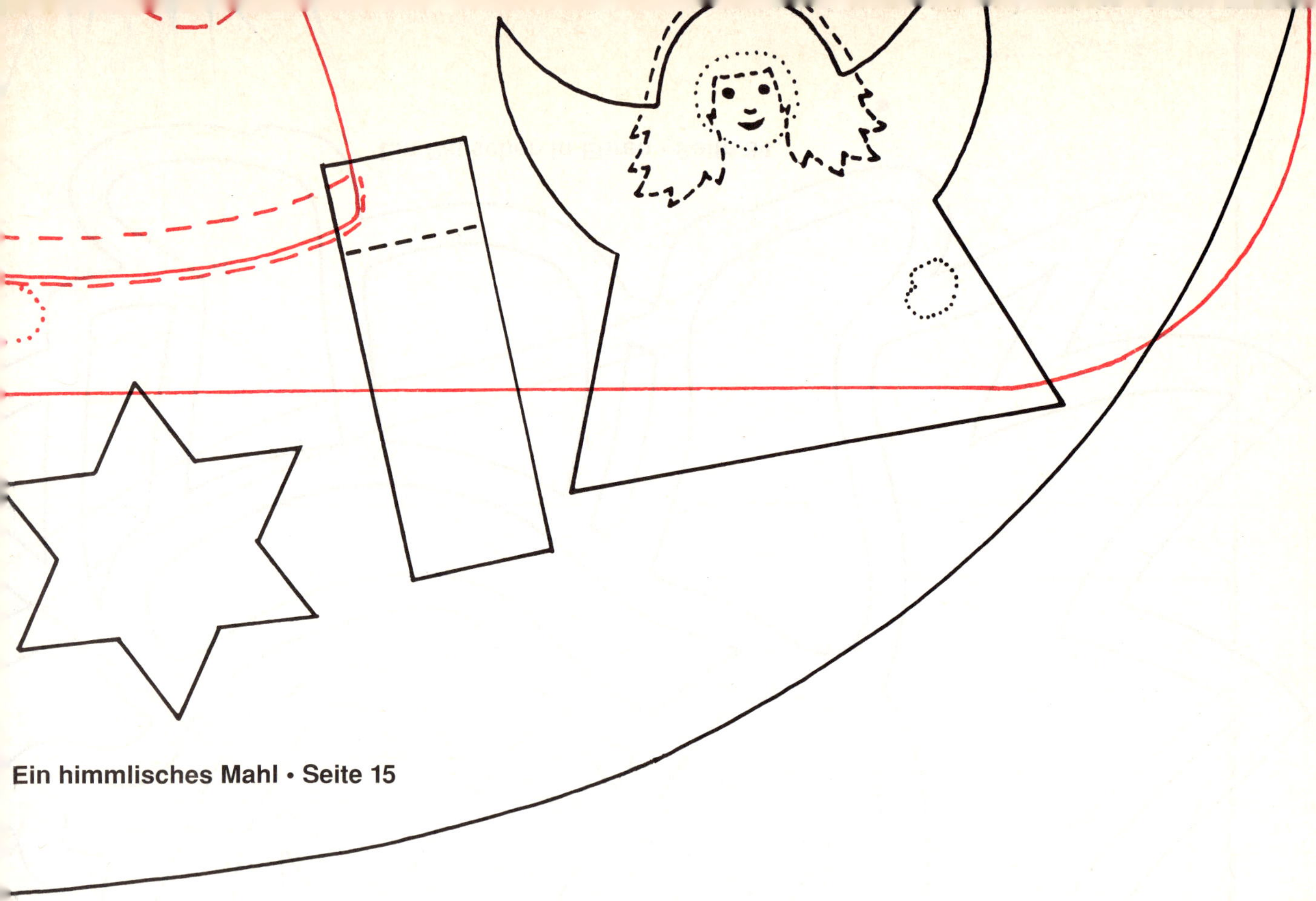

Ein himmlisches Mahl • Seite 15

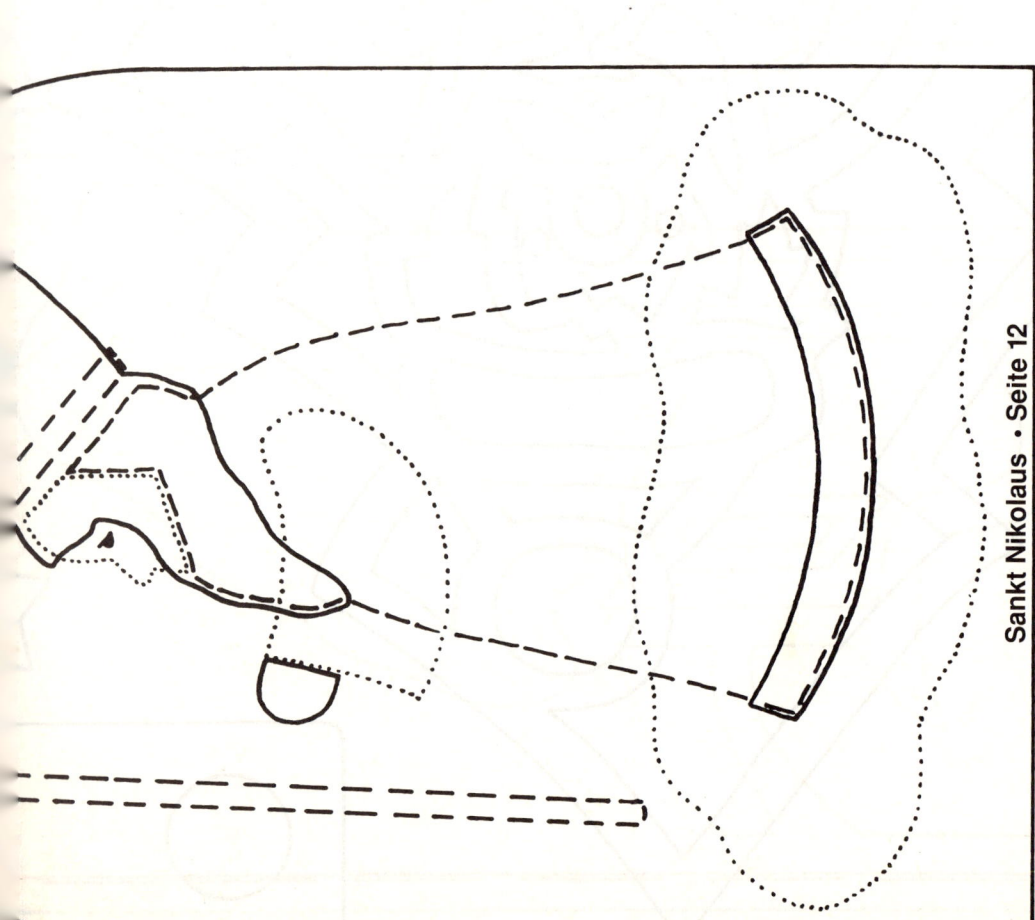

Sankt Nikolaus • Seite 12

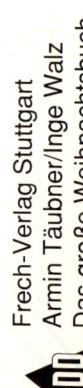

Frech-Verlag Stuttgart
Armin Täubner/Inge Walz
Das große Weihnachtsbuch
Best.-Nr. 1468
Vorlagenbogen 1

TOPP